食の方程式

ポテトブック

じゃがいも
×
ワタナベマキ
＝
食感

じゃがいもは、調理法次第で様々な「食感」が楽しめます。

じゃがいもほど、世界中で愛されている野菜はないのではないでしょうか。

赤ちゃんにはじゃがいものすりながしが離乳食になり、幼少期や10代はフライドポテトやコロッケが好物に、大人になってからはグラタンやおふくろの味的なポテトサラダ、肉じゃがが恋しくなる……。
じゃがいも料理には、日々の生活に根づいているものがたくさんあります。

近年、たくさんの品種を見かけるようになりました。それぞれ、甘みやデンプンの含有量などが違います。同じ野菜でも、こんなに違うものかと驚きもしますが、それぞれにいろいろなおいしさがある。それがじゃがいもの面白いところです。

私がじゃがいもを料理するうえで大切にしていることは「食感」です。
シャキシャキ
ホクホク
もちもち
とろーり
調理法によってたくさんの食感を楽しむことができる。
これこそが、じゃがいもが万人に愛される理由なのだと思います。

今回メニューを出すにあたり、どのメニューをのせるべきか悩みました。
たくさんの料理がありすぎるからです。
でもその中から、みなさんが作りやすいようなメニューは何か、私がぜひみなさんに作っていただきたい料理を、とたくさんのメニューの中から絞りに絞りました。
お馴染みの味から新しいじゃがいも料理まで。
ぜひ何度も楽しんで作っていただけたらうれしいです。

ワタナベマキ

CONTENTS

じゃがいも1つ、あったなら

PART.1
じゃがいも×食感＝シャキシャキ

PART.2
じゃがいも×食感＝カリッホクッ

この本の使い方

・本書のじゃがいもは、中サイズ（約100g）のものを基本にしています。また、使用している品種は、各レシピに明記しています。
・小さじ1＝5mℓ、大さじ1＝15mℓ、1カップ＝200mℓです。
・野菜の「洗う」「ヘタをとる」「皮をむく」などは基本的に省略してあります。
・レシピ上の「しょうゆ」は濃口しょうゆ、「小麦粉」は薄力粉、砂糖は「上白糖」、バターは「有塩バター」のことです。
・「だし汁」は、昆布や削り節、煮干しなど好みのものでとったものです。
・オーブンを使用する場合は、表示の温度に予熱してから使用してください。
・オーブン、ハンドミキサー、フードプロセッサーなどの調理器具は、取扱説明書をよく読んで、正しくお使いください。また機種により違いがあります。

PART.4
じゃがいも×食感＝もちもち

PART.5
じゃがいも×食感＝とろ〜り

PART.3
じゃがいも×食感＝ホクホク

世界のポテサラブック

じゃがいも小事典

じゃがいもの主な種類

じゃがいもといえば、「男爵」と「メークイン」の2つが主流です。
でも、最近続々と新しい品種が登場。
じゃがいも料理の幅を広げるためにも、それぞれの特徴を覚えておきましょう。

やや粉質 → 粉質

キタアカリ

果肉の色が黄色く、さつまいもに似た甘味があり、加熱するとホクホクとする。肉質はやや粉質で、でんぷん質は男爵よりも高く、煮くずれしやすい。

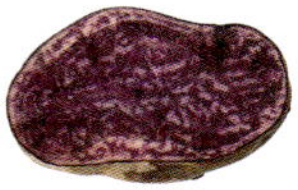

シャドークイーン

肉質はやや粉質で煮くずれしやすいが、ホクホク感は少なめ。鮮やかな色を生かした料理に。ちなみに果肉の鮮やかな紫色は、ポリフェノールの一種であるアントシアニンによるもの。

男爵

粉質の代表的な品種。丸くて、深いくぼみがあり、でんぷん質が多く加熱するとホクホクとするのが特徴。ポテトサラダやマッシュポテト、ポテトコロッケなど、つぶして使う料理に向いている。煮くずれしやすい。

アンデス赤

皮は紅色で、果肉は黄色。肉質は男爵に近い粉質。煮くずれしやすいが舌触りがなめらか。ホクホクして甘いので、コロッケやポテトサラダに向いている。

ベビーポテトって？ 新じゃがとは？

ベビーポテトとは、新じゃがや小粒のじゃがいもの総称で品種もいろいろ。新じゃがは、収穫後貯蔵せずにそのまま出荷される新物のこと。ほとんどが男爵いもを早採りしたもので、水分が多くてホクホク感は少なめだが、皮が薄く丸ごと食べられ、香りがよい。産地の違いにより、2月下旬から6月くらいまで出回る。

粘質

メークイン

粘質の代表的な品種。長卵形で果肉のきめが細かく、ねっとりしていて煮くずれしにくい。スープやシチューなどの煮込み料理に向いている。

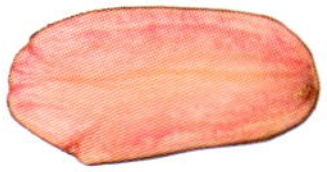

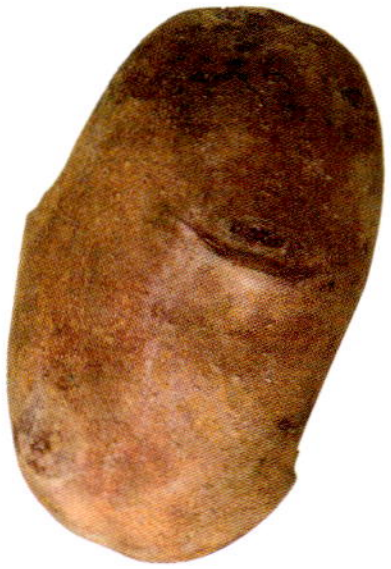

ノーザンルビー

皮は薄い赤色で、果肉は薄いピンク。形や大きさ、肉質はメークインに近く、やや粘質でホクホクしていない。加熱しても薄いピンク色は残るため、色を生かした料理におすすめ。

やや粘質

インカのめざめ

果肉は濃い黄色。別名「アンデスの栗じゃが」ともいわれ、栗やナッツに似た風味と甘味がある。肉質は粉質と粘質の中間からやや粘質よりで、舌触りはなめらか。

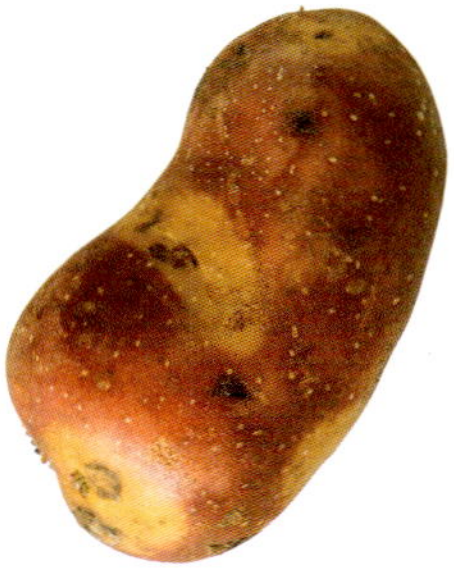

インカのひとみ

皮は薄い紅色で、芽の部分は黄色。果肉は濃い黄色。「インカのめざめ」の自然交雑種で、味わいも近い。煮くずれしにくい。

じゃがいものトリセツ

● 選び方

表面に傷がなく、皮が薄くなめらかでしなびていないもの、持ったときに重量感のあるものを選ぶ。芽が出ていたり、皮が緑がかっているものは避ける。

● 保存方法

新聞紙に包んで冷暗所での保存がいいとされているが、冷暗所がない場合はカゴなどに入れて風通しをよくして保存する（P.12）。新聞紙に包んで冷蔵庫の野菜室に入れても。

● 旬

通年。収穫量1位の北海道では春植えし、夏から冬にかけて収穫したものを貯蔵して翌年の春に出荷する。その出荷前に出回るのが関東以北産のもの。収穫量2位の長崎では春と秋の年2回植えられ、収穫も年2回。新じゃがは、2月下旬から鹿児島や長崎で収穫されたものが出回り始め、収穫前線が北上して6月ごろまで続く。

● 日本のじゃがいも収穫量

1 位　北海道
2 位　長崎
3 位　鹿児島
4 位　茨城
5 位　千葉

＊ 平成28年産野菜生産出荷統計（農林水産省調べ）

学　名	Solanum tuberosum
分　類	ナス科ナス属
原産地	南米のアンデス山脈、チチカカ湖周辺

● 栄養

免疫力を高めて老化を防ぐビタミンCはりんごの約5倍といわれ、加熱による損失が少ないのが特徴。そのほかビタミンB_1、B_6なども豊富。体内の余分なナトリウムを排出して血圧を下げる働きをするカリウム、脂質や糖質、タンパク質の代謝をよくするナイアシンも含む。中医学では、胃の痛み、便秘と筋肉疲労の解消に有効とされる。

じゃがいも 定番料理のルーツ

フライドポテト 18世紀末にフランスで完成されたフライドポテト。当時はポム・ド・テール・フリット（「揚げた大地のりんご」の意）と呼ばれており、それが縮んでいつしか「ポム・フリット」に。19世紀から20世紀にかけてはフランスやベルギーのレストランの人気メニューに、20世紀に入ると全世界に広がっていろいろな料理と組み合わせて食べられるようになる。

ポテトチップス ニューヨーク州の保養地サラトガのムーン・レイク・ハウスホテルでコックをしていたジョージ・クラムが、薄切りポテトを油で揚げた最初の人物というのが定説。

フィッシュ＆チップス イギリスの国民食といわれる「フィッシュ＆チップス」は、東ヨーロッパからのユダヤ系移民ジョゼフ・マリンが1860年代にロンドンで店を開いたときに広めた料理。現在では、イギリスでこのメニューを出している店は8000店にものぼるとか。

ヴィシソワーズ じゃがいもの冷製スープは、1971年にニューヨークのホテル、ザ・リッツ・カールトンで登場。当時のシェフ、ルイ・ディアのアイデアで、彼がフランスの温泉地として有名な町・ヴィシー出身のため「ヴィシソワーズ」と命名。

ワタナベマキの じゃがいも＋好きな食材

⇒卵

じゃがいものホクホク感と卵のとろ〜り感が一緒になると、それだけで幸せ。トルティージャ（P.57）にするほか、ポテトサラダにするときもゆで卵が入るとボリュームアップしてよりおいしくなります。

⇒玉ねぎ

共に常備できて、この２つさえあればなんとかなると思わせてくれる、わが家の強力サポーター。ポテトサラダ（P.100ほか）のホクホクのじゃがいもに、シャキシャキの玉ねぎは欠かせません。

⇒ひき肉

コロッケ（P.72）、アッシェ・パルマンティエ（P.135）やムサカ（P.128）など、私だけでなく、嫌いな人がいないテッパンの組み合わせです。

じゃがいもの 疑問あれこれ

Q 「馬鈴薯」と呼ぶのは、なぜ？ じゃがいもと呼ぶようになったのはいつ？

A 中国でのじゃがいもの呼び名の1つに「マーリンシュー」があるが、その漢字をそのままつけたため「ばれいしょ」と呼ばれた。また、じゃがいもはオランダ船によって「ジャガタラ」（現在の「ジャカルタ」）から日本に入ってきたことから「ジャガタラいも」といわれ、これがいつの間にか「じゃがいも」になった説と、「ジャワ島のいも」からきている説などがある。

Q じゃがいもは、いつ日本に入ってきたの？

A 江戸時代、オランダ船によって長崎に伝えられた。長崎では、江戸時代からじゃがいもが栽培されていて、「肉じゃが」に似た料理もあったそう。

Q りんごと一緒に保存しておくと、芽が出るのを遅らせせられるのはなぜ？

A りんごが放出するエチレンガスが、じゃがいもの発芽を抑えるため。

Q じゃがいもを切っておくと変色するのはなぜ？

A 変色（褐変という）は、褐変のもと、酵素、空気の3つがそろったときに起こる現象。じゃがいもは、もともと褐変のもとになるポリフェノールとオキシターゼという酵素を持っているため、空気に触れると変色してしまう。そうならないよう、切ってすぐに水にさらして空気に触れないようにすれば、褐変が防げるというわけ。

Q じゃがいもを使ったお酒はありますか？

A スウェーデンやノルウェーなどの北欧には、じゃがいもが主原料のアクアヴィットというアルコール度数の高いお酒がある。ストレートで小さなグラスで飲むのが一般的。また、じゃがいもはジンやウォッカなど、スピリッツといわれるアルコール度数の高い蒸留酒の原料としても使われている。日本には、じゃがいもを原料にした焼酎がある。

世界のじゃがいもの 呼び方

- 英語 … Potato（ポテト）
- フランス語 … Pomme de terre（ポム・ド・テール）
- ドイツ語 … Kartoffel（カルトッフェル）
- スペイン語 … Patata（パタータ）
- イタリア語 … Patata（パタータ）
- 中国語 … 土豆（トゥドゥ）

じゃがいもの切り方

じゃがいもの食感を大きく左右するのが、切り方です。
仕上がりをイメージしながら、または調理法に合わせて切り方を変えると、
おいしさが広がります。

❶ 輪切り

輪の形になるように端から切る方法。トルティージャやグラタンなど、表面はカリッと中はホクホクに仕上げたいときには少し厚めに切る。

❷ くし形切り

櫛のような形になる切り方で、丸いものを縦半分に切り、中央から等分に切り分ける。フライや炒め物にすると、中はホクホクに仕上がる。

❸ 4等分切り

煮物など、ある程度時間をかけて調理するときの切り方。かたまり肉などと一緒に長時間煮る場合は、さらに大きい、半分くらいに切ることも。

❹ いちょう切り

輪切りにした後、十字に切って4等分にした、いちょうの葉に似た形。ホクホク感を残しつつ、短時間で火を通したいみそ汁や煮物に。

❺ 細切り

サラダやあえ物など、さっとゆでてシャキシャキした食感を残したいときの切り方。輪切りにする段階でできるだけ薄く切るのがポイント。

❻ さいの目切り

さいころくらいの大きさの角切りのこと。ポテトサラダやサモサ、ドライカレーなど、短時間の加熱で仕上げたいときに向いている。

❼ 7〜8mm角の棒状切り

チンジャオロース一風など炒めて使う料理やフレンチフライなどに。表面をこんがりと色づくまで炒めると、外側はカリカリで中はホクッと仕上がる。

❽ 半月切り

輪切りにしてから半分に切る切り方。マリネやナムル、サラダなど、さっとゆでてシャキシャキ、サクサクとした食感を生かしたい料理のときは薄めに切る。

❾ ごく薄い輪切り

ポテトチップスなど、揚げてサクッとした食感を楽しみたいときには、ごくごく薄く切る。透けるくらい薄切りにするのが理想。

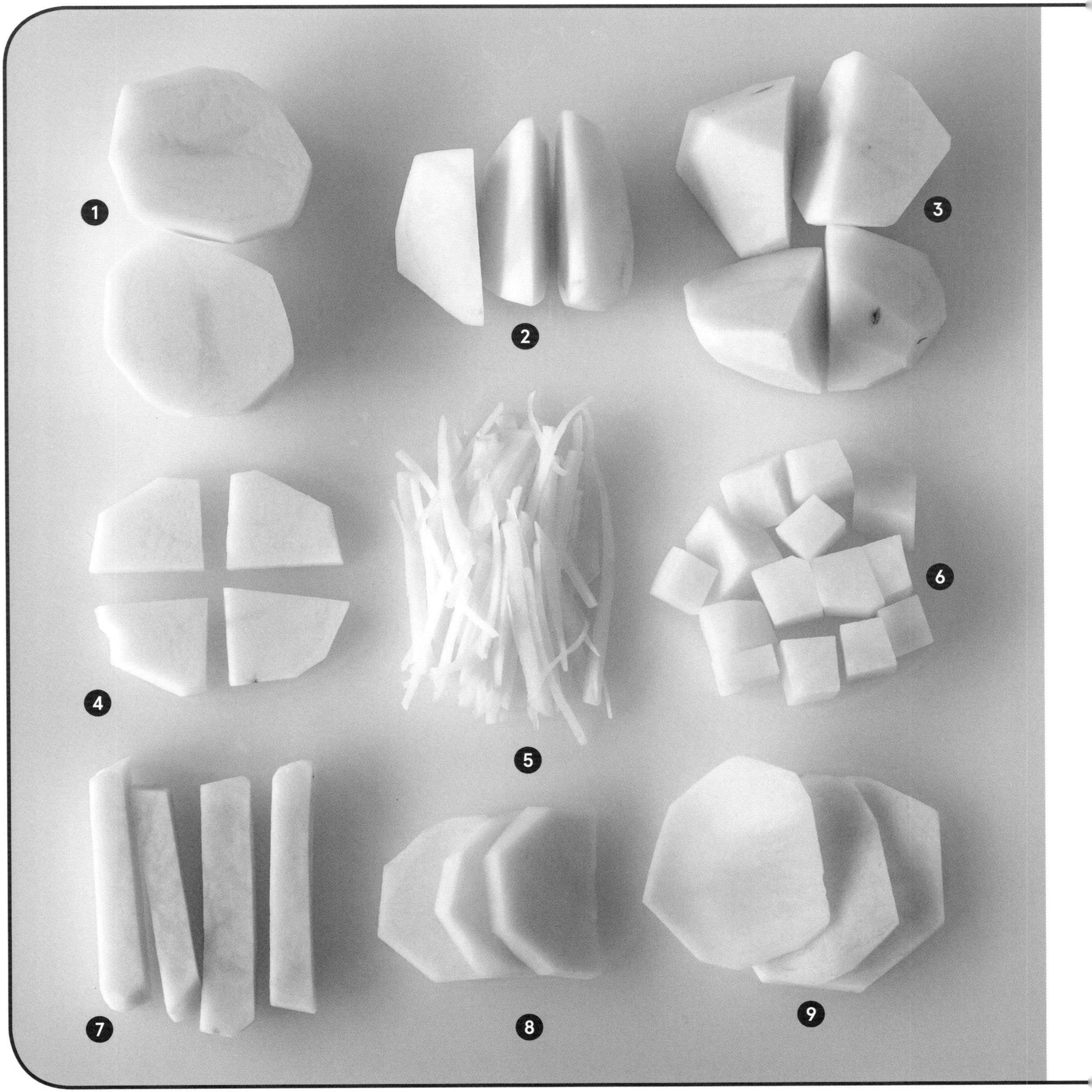
1
2
3
4
5
6
7
8
9

じゃがいもの下ごしらえ

下ごしらえは、素材をおいしく調理するためのひと手間。
どの作業にも、なぜそうするのかワケがあります。
ここでは、基本的な下ごしらえをおさらい。

保存方法

基本は冷蔵庫には入れず、カゴなどに入れて風通しのよい場所におくのがおすすめ。冷蔵庫に入れる場合は、乾燥しないように新聞紙に包んでから野菜室へ。

水からゆでる

じゃがいもや根菜は、水からゆっくりゆでるのが基本。水からなら外側と中央のゆで上がるタイミングが近くなり、熱が均一に入る。

切ったら水にさらす

切ったらすぐに水に入れ、2回くらい水を換えながら計約5分さらすと変色が防げる。シャキシャキと仕上げたい場合も水にさらし、表面のでんぷん質を落とすとよい。

ベビーポテトはこすり洗う

ベビーポテトや新じゃがなどを皮つきのまま使う場合は、大きめのボウルに入れて流水でこすり洗いをする。皮が薄いので、タワシで洗う必要はない。

マッシュポテトは冷凍保存可

マッシュポテトにすれば冷凍可。1回分ずつを保存袋に入れて平らにし、金属トレイにのせて急速冷凍。凍ったらトレイをはずす。1カ月保存可。

シャキシャキ感を残すなら熱湯から

シャキシャキ感を残したい場合は、熱湯からゆでる。ゆで時間はごく細いせん切りなら30〜40秒、3mm厚さの輪切りなら1分、7〜8mm厚さなら2分程度。

面取りをする

長時間煮るときは、煮くずれを防ぐために面とりをするとよい。じゃがいもの切り口の角を薄くそぎとると、仕上がりもきれいになる。

芽をとる

じゃがいもの芽には、ソラニンという有害な成分が含まれているので、包丁の根元でぐるりとえぐりとる。ピーラーの横についている突起でとってもよい。

じゃがいも1つ、あったなら

日持ちがして、主役にも脇役にもなるじゃがいもは、とても頼もしい存在。ほかに何もなくたって、シンプル調理だって、じゃがいもがあれば立派な料理が完成します。さて、今日はどんな食べ方をしましょうか。

蒸す

じゃがいものホクホク感を味わいたいなら、蒸すのがおすすめ。皮つきなら、うまみも水分も、そして栄養分も逃がすことなく蒸気が包み込んでくれます。蒸したてのアツアツにバターで甘い香りとコクをプラスし、それらを引き立たせる塩をパラリと振るだけで、十分ごちそう。

作り方（2人分）❶ じゃがいも（男爵）2個はタワシでよく洗い、皮つきのまま十字の切り目を入れる。❷ 蒸気の上がった蒸し器に①を入れ、強火で25〜30分蒸す。竹串がスーッと通るくらいになったら器に盛り、じゃがいも1個につきバター15ｇずつのせ、塩少々を振る。

ゆでる

じゃがいもに何らかの味を含ませてゆでたいときは、それらと一緒に水から入れて火にかけます。ここではにんにく、白ワインを入れてアイオリポテトに。ゆで上がってから調味するよりも、しっかりとじゃがいもに味がつくのです。ゆでるとやや水っぽくなるので、粉ふきいもの要領で水分を飛ばしてホクホクとさせます。

作り方（2人分）❶ じゃがいも（男爵）2個は皮をむいて4〜6等分に切り、水にさっとさらして小鍋に入れる。❷ ①につぶしたにんにく1かけ、かぶるくらいの水、白ワイン¼カップ、塩小さじ½を加えて中火にかける。煮立ったらアクをとり、弱火にして約12分煮て、湯を捨てる。再び中火にかけて木ベラで粗くつぶしながら水分を飛ばす。❸ 器に盛り、オリーブ油小さじ2、粗びき黒こしょう少々を振る。

オーブン焼き

表面カリカリ、中ホクホク。オーブン焼きなら2つの食感が味わえます。スウェーデン生まれのハッセルバックポテトは細かく切り目を入れて焼くから、よりカリカリ感がアップ。最初から最後までオーブンで焼いてもいいのですが、ここでは時間短縮のために一度蒸してからオーブン焼きにする方法をご紹介。

作り方（2人分）❶ じゃがいも（メークイン）2個はタワシでよく洗い、皮つきのまま5mm幅に深い切り目を入れ、さっと水にさらす。❷ 蒸気の上がった蒸し器に①を入れ、強火で約20分蒸し、竹串を刺してやっと通るくらいまでやわらかくする。❸ オリーブ油小さじ2とオレガノ少々を振り、200℃に温めたオーブンで約15分焼き、岩塩少々を振る。

揚げる

揚げたじゃがいもは、表面がカリカリ！　薄く切って揚げてポテトチップスにしたら、サクサクの軽い食感になり、食べ始めると止まらなくなります。そもそもじゃがいもと油は相性抜群。その証拠にフライドポテトやかき揚げなど人気料理が多数あります。厚めに切ると、ホクホク感が加わるのも面白い。

作り方（2人分）❶ じゃがいも（男爵）小3個はタワシでよく洗い、皮つきのまま2mm厚さの輪切りにし、2回くらい水を換えながら約5分さらしてキッチンペーパーで水けを拭く。❷ 160℃の揚げ油に①を入れ、軽く色づいたら火を強めて温度を上げ、カリッとするまで揚げる。油をきり、塩少々を振る。

あえる

じゃがいもをごくごく細く切って熱湯でさっとゆでると、シャキシャキ、サクサクの食感になります。じゃがいも＝お腹にたまるというイメージを払拭するほどライト。穀物というより野菜を食べている感覚が強くなります。調味料であえて、サラダやあえ物に。じゃがいものおいしさが広がります。

作り方（2人分）❶ じゃがいも（男爵）1個は皮をむいてごく細いせん切りにし、2回くらい水を換えながら約5分さらす。❷ 沸騰した湯に酒大さじ1を加え、①を入れて約30秒ゆで、ざるに上げてキッチンペーパーで水けを拭く。❸ 塩小さじ¼、すだち果汁1個分を加えてあえる。

グラタン

じゃがいもに生クリームやチーズをかけて焼くグラタン・ドフィノワは、じゃがいもを手軽においしく食べられる代表料理。表面のチーズが焦げてカリカリになり、中のじゃがいもはホクホク。なめらかなクリームと合わさると、じつに絶妙。同じグラタンでも、じゃがいもをごく薄く切ってチーズだけをかけて焼けばカリカリ感も味わえます。

作り方（2人分）❶ 耐熱皿ににんにく½かけの切り口をこすりつける。じゃがいも（メークイン）2個は皮をむいて3mm厚さに切り、耐熱皿に並べる。❷ 白ワイン大さじ2、生クリーム1カップ、塩小さじ½を混ぜ合わせて①にかけ、グリュイエールチーズ60gをおろしてのせて200℃のオーブンで約20分焼き、粗びき黒こしょう少々を振る。

すり流し

じゃがいもをすりおろしてだし汁に加えて煮ると、程よいとろみがつきます。それもそのはず、じゃがいもは片栗粉の原料だから。口に含むときにはさらりとしながら、ほんの少しだけとろりとした余韻を残して喉を通ります。スープでありながら満足感が得られるのは、じゃがいもならではです。

作り方(2人分)❶ 鍋にだし汁1½カップ、酒大さじ1、皮をむいたじゃがいも(男爵)のすりおろし1個分を入れ、中火にかける。❷ アクをとりながら煮て、煮立ったら弱火にして約10分煮る。とろみがついたら塩小さじ¼で調味し、白いりごま少々を振る。

PART.1

じゃがいも
×
食感
=
シャキシャキ

じゃがいもがシャキシャキ？　ちょっと意外に思うかもしれませんが、ごく薄く切ってさっと火を通したじゃがいもは、そんな食感になります。その軽やかさで、いくらでも食べられそう。ドレッシングであえたり、マリネにしたり、炒め物にしてもおいしい。じゃがいもの新しい魅力を発見してください。

01 拌土豆絲《バントゥドゥスー》

（作り方24ページ）

拌《バン》土《トウ》豆《ドウ》絲《スー》 01

中国料理ではおなじみの前菜です。ごく細いせん切りにしたじゃがいもを熱湯でさっとゆでたら、シャキシャキ！　これがじゃがいも？と驚くほど歯ごたえがよく、軽やか。同じくせん切りにしたセロリがアクセントになって、もりもりといくらでも食べられます。

材料（2人分）

じゃがいも（男爵）　2個
セロリ　½本
酒　大さじ2
黒酢　大さじ2
ナンプラー　小さじ2
ごま油　大さじ1
白いりごま　少々

作り方

❶ じゃがいもは皮をむき、薄切りにしてせん切りにし（**a**）、2回くらい水を換えながら約5分さらします（**b**）。セロリは筋をとってせん切りにし、ボウルに入れます。じゃがいもはできるだけ細く切るのが、この料理のポイント。そのためには、薄切りにする段階でできるだけ薄く切っておくこと。水にさらすのは、じゃがいもの表面のでんぷん質を洗い流し、仕上がりがベタッとしないようにするため。

❷ 鍋に湯を沸かして酒を入れ、水けをきったじゃがいもを入れ、30〜40秒ゆでます（**c**）。30〜40秒というのは、じゃがいもが透き通るくらい。このくらいにゆでると、じゃがいもがやわらかくなりすぎず、シャキシャキとした歯ごたえが残ります。ざるに上げ、水けをキッチンペーパーでよく拭きとります。

❸ セロリが入ったボウルに②を熱いうちに加えてあえます（**d**）。アツアツのじゃがいもの余熱で、セロリを少ししんなりとさせます。

❹ ③に黒酢、ナンプラーを加え、全体に混ぜ合わせます。その後、ごま油を加えて混ぜ、器に盛って白いりごまを振ります。

a

b

c

d

02

細切りじゃがいもとパセリのマリネ

（作り方28ページ）

03
じゃがいものナムル
（作り方29ページ）

02
細切りじゃがいもとパセリのマリネ

爽快な香りのパセリをたっぷり加えた、さわやかな味のマリネです。じゃがいもはゆでたてのアツアツに調味料を加えると、味のなじみがよくなります。

材料（2人分）
じゃがいも（男爵）2個
パセリ（みじん切り）大さじ3
白ワイン（または酒）大さじ2
白ワインビネガー（または酢）大さじ1
塩 小さじ½
オリーブ油 大さじ2
粗びき黒こしょう 少々

作り方

1. じゃがいもは皮をむき、薄切りにしてせん切りにし、2回くらい水を換えながら約5分さらします。
2. 鍋に熱湯を沸かして白ワインを入れ、水けをきった①を入れて30〜40秒、透き通るまでゆでます。ざるに上げ、水けをキッチンペーパーでよく拭きとります（a）。
3. ボウルにゆでたての②を入れ、パセリ、白ワインビネガー、塩を加え、全体によくあえます（b）。その後、オリーブ油を加えて混ぜ、粗びき黒こしょうを振ります。ゆでたてのじゃがいもで、パセリが少ししんなりします。

03
じゃがいものナムル

にんにくとごま油が利いたナムルは、ごはんにも合うおかず。本場ではせん切りが多いですが、薄い半月切りにするとシャキシャキとサクサクの間の食感に。

材料（2人分）

じゃがいも（男爵）　2個
にんにく（つぶす）　1かけ
塩　小さじ½
ごま油　大さじ1
黒いりごま　小さじ2
酒　大さじ2

作り方

❶ じゃがいもは皮をむいて3ミリ厚さの半月切りにし、2回くらい水を換えながら約5分さらします。表面のでんぷん質を落とし、歯ごたえをよくすると共に変色を防ぎます。

❷ ボウルににんにく、塩、ごま油、黒いりごまを入れ、混ぜ合わせます（a）。じゃがいもがゆでたての状態であえたいので、あえ衣はあらかじめ作っておきます。ナムルの味の決め手は、にんにくとごま油と塩。この3つにさらにごまを加えて香ばしくします。

❸ 鍋に湯を沸かして酒を入れ、水けをきった①を入れて約1分、透き通るまでゆでます。ざるに上げ、水けをキッチンペーパーで拭きとり、②に加えて全体によくあえます（b）。食べる直前に、野菜が熱いうちに調味料とあえることがナムルをおいしく作るコツです。

a

b

04

じゃがいもと干しえび、香菜のあえもの

（作り方32ページ）

05

薄切りじゃがいもとたこのマリネ

（作り方33ページ）

04

じゃがいもと干しえび、香菜のあえもの

シャキシャキサクサクのじゃがいもに、うまみ豊かなえびソースをたっぷりかけ、混ぜながらいただきます。香菜の香りも手伝い、ビールが欲しくなる一品。

材料（2人分）

じゃがいも（男爵）　2個
干しえび　30グラム
香菜　8本
紹興酒（または酒）　大さじ3
水　1/4カップ
A［しょうが（みじん切り）　1かけ、黒酢、ナンプラー、ごま油　各大さじ1］

作り方

1. 干しえびは紹興酒大さじ2を入れた分量の水に約20分つけてもどし、粗く刻みます。もどし汁はとっておきます。
2. じゃがいもは皮をむいて7～8ミリ厚さの輪切りにし、2回くらい水を換えながら約5分さらします。香菜はざく切りにします。
3. 小鍋に①の干しえび、干しえびのもどし汁、**A**を入れて中火にかけ、ひと煮立ちさせたらアクをとり、弱火にしてさらに約3分煮ます（**a**）。煮ながら干しえびのうまみをじわじわと引き出します。
4. 鍋に熱湯を沸かして紹興酒大さじ1を入れ、水けをきったじゃがいもを入れて約2分、透き通るくらいまでゆでます。ざるに上げ、水けをキッチンペーパーで拭きとります。
5. 器に④を盛り、香菜をのせ、③のソースをかけて混ぜながら食べます（**b**）。

05 薄切りじゃがいもとたこのマリネ

じゃがいもとたこは、アヒージョなどでもおなじみの組み合わせ。たこのむっちりとした歯ごたえが、サクサクのじゃがいもの食感を引き立てます。

材料（2人分）

じゃがいも（男爵）　2個
ゆでだこ　120グラム
バジル（生）　適量
白ワイン（または酒）　大さじ2
オリーブ油　適量
ライムの搾り汁　大さじ2
塩　小さじ½
粗びき黒こしょう　少々

作り方

❶ じゃがいもは皮をむいて2ミリ厚さの輪切りにし、2回くらい水を換えながら約5分さらします。

❷ 鍋に熱湯を沸かして白ワインを入れ、水けをきった①を入れて約1分、透き通るくらいまでゆでます（a）。ざるに上げ、水けをキッチンペーパーで拭きとり、器に並べます。

❸ ゆでだこはそのままだと臭みがあるので、吸盤についている汚れをとるように水洗いします（b）。キッチンペーパーで水けを拭きとり、薄切りにして②の器に並べます。

❹ バジルの葉をちぎってのせ、オリーブ油をたっぷりとかけ、ライムの搾り汁、塩、粗びき黒こしょうを振ります。

a

b

06 じゃがいもとミニトマトのナンプラー炒め

（作り方36ページ）

07

細切りじゃがいもと牛肉のさっと炒め

（作り方37ページ）

06 じゃがいもとミニトマトのナンプラー炒め

いんげんとじゃがいもの異なる食感が楽しい炒めもの。ジューシーで酸味と甘味を併せ持つトマトが口の中ではじけ、全体をまとめます。

材料（2人分）

じゃがいも（メークイン）　2個
さやいんげん　4本
ミニトマト　6個
にんにく（薄切り）　1かけ
ごま油　大さじ1
酒　大さじ1
酢、ナンプラー　各小さじ2
レモンの搾り汁　大さじ1

作り方

1. じゃがいもは皮をむいて7〜8ミリ角の棒状に切り、2回くらい水を換えながら約5分さらします。
2. いんげんは端を切り落とし、2〜3等分の長さに切ります。ミニトマトは半分に切ります。
3. フライパンににんにく、ごま油を入れて中火で炒め、香りが出てきたら水けをきった①を入れ、軽く透き通るまで炒めます。にんにくをよく炒めると、香りだけでなく風味もよくなり、味に深みが出ます。調味料をたくさん使わなくても、十分おいしくするコツ。
4. ③にいんげんを加え、軽く焼き目がつくまで炒め、香ばしさを加えます（a）。酒、酢、ナンプラーを加え、汁けがなくなるまで炒めます。ミニトマトを加え、さっと炒め合わせ、仕上げにレモンの搾り汁を入れます（b）。

07

細切りじゃがいもと牛肉のさっと炒め

じゃがいもを加え、ボリューム感とシャキシャキ感をプラスしたチンジャオロース―風。ねっとりして折れにくいメークインを使うのがおすすめです。

材料（2人分）

じゃがいも（メークイン）　2個
牛ロース薄切り肉　120グラム
赤ピーマン　2個
にんにく（せん切り）　1かけ
ごま油　大さじ1
酒　大さじ1
オイスターソース　大さじ2
しょうゆ　小さじ1

作り方

1　じゃがいもは皮をむいて7〜8ミリ角の棒状に切り、2回くらい水を換えながら約5分さらします。シャキシャキに仕上げたいので、水にさらして表面のでんぷん質をとっておきます。

2　牛肉は7〜8ミリ幅に切ります。赤ピーマンは縦半分に切って種とヘタをとり除き、縦7〜8ミリ幅に切ります。

3　フライパンににんにく、ごま油を入れて中火にかけて炒め、香りが出てきたら水けをきった①を入れて炒めます。軽く透き通ってきたら②を加え、牛肉の色が変わり、焼き目がつくまで炒めます。

4　じゃがいもがさらに透き通ってきたら、酒、オイスターソース、しょうゆを加え、汁けがなくなるまで炒め合わせます（a）。火が通ったじゃがいもは折れやすいので、調味料を加えたらあまり混ぜないようにしましょう。

08 じゃがいもピクルス

コツは、じゃがいもをとにかく薄く切るという一点。サクサクとした食感が、この料理のおいしさですから。常備しておくと、箸休めに、おつまみにと大活躍。

材料（2人分）

じゃがいも（男爵） 2個

白ワイン（または酒） 大さじ2

A［赤梅酢 1/4カップ、梅干し 1個、酒 大さじ2、水 120㎖］

B［白ワインビネガー（または酢）、白ワイン 各1/4カップ、水 1/2カップ、塩、てんさい糖＊（または砂糖） 各小さじ1、ローリエ 1枚、粒黒こしょう 小さじ2］

作り方

❶ じゃがいもは皮をむいてごく薄い輪切りにし、2回くらい水を換えながら約5分さらします。

❷ **A**と**B**のピクルス液をそれぞれ小鍋に入れて火にかけ、煮立ったら火を止めて耐熱の保存容器に入れます。

❸ 鍋に熱湯を沸かして白ワインを入れ、水けをきった①を入れて約1分、透き通るまでゆでます。ざるに上げ、水けをキッチンペーパーでよく拭き、半量ずつ②の**A**、**B**のピクルス液に漬けます。漬けて半日後から食べられます。

＊てんさい糖：さとう大根（ビート）が原料。まろやかで上品な甘さが特徴。

PART.2

じゃがいも
×
食感
＝
カリッホクッ

私が一番好きなじゃがいもの食感がカリッホクッ！ 表面は香ばしくて、一口かじるとホクホクの食感が登場する、フライドポテトのあの感じ。2つの食感が一度に楽しめ、とっても得した気分になるのです。フライパン焼きやオーブン焼きなど、さまざまな調理法でカリッホクッ食感にしてみました。

09
じゃがいものガレット

（作り方42ページ）

09 じゃがいものガレット

細切りにしたじゃがいもを丸く焼き上げる、ガレット。ポイントは、じゃがいもを切ったら水にさらさずにすぐに焼くことと、オリーブ油に多めのバターをプラスして焼くこと。この2つで表面はカリッと香ばしく、中はホクホクに仕上がります。バターの甘い香りがいっそうおいしくしてくれます。

材料（2人分）

じゃがいも（メークイン）　2個
オリーブ油　小さじ2
バター　30グラム
塩　小さじ1/3

作り方

❶ じゃがいもは皮をむき、5ミリ幅の細切りにします（**a**）。それにはまず、5ミリ幅の薄切りにし、数枚重ねて端からさらに5ミリ幅に切ります。じゃがいものでんぷん質を利用して焼き固めるので水にはさらしません。

❷ フライパンにオリーブ油を中火で熱し、①を平らに広げ、バターをちぎりながら全体にのせ（**b**）、塩を振ります。バターをのせると、じわじわと溶けて全体に広がり、ぷくぷくと泡立ってじゃがいも全体を包み込み、カリカリと香ばしく仕上がります。

❸ 底面に香ばしい焼き目がついたのを確認し（**c**）、裏返します。フライ返しで返しにくい場合は、焼き目が上になるようにフライパンを返して皿にとり出し、皿からスライドさせてフライパンに戻すといいでしょう。その後は、弱火にしてもう片面にも焼き目がつくまで、約8分焼きます（**d**）。仕上げに塩を振って。

a
b
c
d

10
じゃがいものハーブソテー

（作り方46ページ）

11 薄切りポテトのオーブン焼き

（作り方47ページ）

10 じゃがいものハーブソテー

じゃがいもをホクホクにゆで、ハーブをからめてカリカリに焼き上げます。手軽なのに、ちょっとしたおつまみにもなる一品。仕上げにレモンをジュッと搾って。

材料（2人分）

じゃがいも（メークイン）　2個
白ワイン　¼カップ
オリーブ油　大さじ1
ドライハーブ（エルブ・ド・プロヴァンス＊など）　大さじ2
塩　小さじ1
レモンの搾り汁　大さじ1

作り方

1. じゃがいもはタワシでよく洗い、皮つきのまま1㌢厚さの輪切りにし、2回くらい水を換えながら約5分さらします。
2. フライパンに水けをきった①を並べ、白ワインとかぶるくらいの水を加えて中火にかけます。煮立ったら弱火にして約5分煮て、じゃがいもがやわらかくなったら湯を捨て、フライパンを揺すりながら水分を飛ばします。ここで、中までやわらかくします。
3. 火加減を中火にし、オリーブ油を加えてからめます。ドライハーブと塩を全体にふりかけ（a）、両面に焼き目がつくまで焼きます。
4. 器に盛り、レモン汁を振ります。

＊エルブ・ド・プロヴァンス：タイムやセージ、ローズマリーなどが入ったハーブミックス。

11
薄切りポテトのオーブン焼き

薄切りのじゃがいもに白ワインとオリーブ油、チーズをかけたら、後はオーブンまかせ。材料も調理もシンプルなので、チーズにはこだわります。

材料（2人分）
じゃがいも（男爵）　小4個
白ワイン　大さじ1
オリーブ油　大さじ1
パルミジャーノ・レッジャーノ（またはパルメザンチーズ）　30グラム
粗びき黒こしょう　適量

作り方

❶ じゃがいもはタワシでよく洗い、皮つきのまま薄切りにし、2回くらい水を換えながら約5分さらして水けをきります（a）。カリカリに仕上げたいので薄めに切り、水けはざるに上げて軽くきる程度で大丈夫です。

❷ 耐熱皿に①を並べ入れ、白ワイン、オリーブ油を回しかけ、パルミジャーノ・レッジャーノをすりおろして振ります（b）。じゃがいもは焼き加減が均一になるように、切り口を上にして平らに並べます。

❸ 200℃に温めたオーブンに入れて約25分焼き、粗びき黒こしょう振ります。

a

b

12
フレンチフライ（右）
ハーブポテト（左）

（作り方50ページ）

12

フレンチフライ／ハーブポテト

冷たい油から入れてじわじわと火を通したじゃがいもは、水分が十分に抜けているので冷めても表面カリカリ、中はほっくり！　ハーブを一緒に入れて揚げるといい香りが油に移り、じゃがいもにもその香りがつき、少し大人の味わいに。どちらも、揚げたてをワインと共に味わいたくなります。

フレンチフライ

材料（2人分）

じゃがいも（メークイン）　3個
揚げ油、塩　各適量

作り方

❶ じゃがいもは皮をむき、1㌢角の棒状に切ります。2〜3回水を換えながら約5分さらし（a）、しっかりとでんぷん質をとり除き、水けをキッチンペーパーで拭きます（b）。

❷ 鍋に揚げ油を入れ、①を入れて中火にかけます（c）。じゃがいもは冷たい油から揚げたほうがカリカリに揚がります。最初は触らずに、油がフツフツとしてきて、じゃがいもの表面が固まってきたら、ときどき菜箸で混ぜながら揚げるのがコツ（d）。じゃがいもが浮いてきて、きつね色にこんがりと色づいたらひき上げどき（e）。揚げ網に上げて油をよくきり、熱いうちに塩を振ります。

ハーブポテト

材料（2人分）

じゃがいも（男爵、アンデス赤）　計4個
タイム、ローズマリー（生）　各7〜8本
揚げ油、塩　各適量

作り方

❶ じゃがいもはタワシでよく洗い、皮つきのまま4〜6等分に切り、2〜3回水を換えながら約5分さらします（a）。しっかりとでんぷん質をとり除き、水けをキッチンペーパーで拭きます。

❷ 鍋に揚げ油を入れ、①とハーブを入れて中火にかけます（f）。最初は触らずに、油がフツフツとしてきたら、ときどき混ぜながら色づくまで揚げ、油をよくきって塩を振ります。

a

b

c

d

e

f

13 丸ごとポテトチーズフライ

（作り方54ページ）

14 フィッシュ&チップス

（作り方55ページ）

13 丸ごとポテトチーズフライ

チーズ入りパン粉のカリカリサクサク感とホクホクじゃがいものコントラストがおいしいフライ。揚げているそばから、チーズの香ばしさがふわ〜っと漂います。

材料（2人分）

じゃがいも（男爵） 小8個

衣［小麦粉 大さじ3、溶き卵 2個分、パルミジャーノ・レッジャーノ（またはパルメザンチーズ）40グラム、パン粉 1カップ］

ディジョンマスタード＊ 適量

揚げ油 適量

作り方

❶ じゃがいもはタワシでよく洗い、皮つきのまま使います。

❷ 蒸気の上がった蒸し器に①を入れ、強火で約15分蒸します。生のまま揚げると時間がかかるので、まずは蒸してじゃがいもをやわらかくしておきます。また、蒸すことで水分が出て、揚げたときによりカラリと仕上がります。

❸ パン粉にパルミジャーノ・レッジャーノをすりおろして加え（a）、混ぜ合わせます。

❹ ②に小麦粉、溶き卵、③のチーズパン粉を順につけ、180℃の揚げ油に入れ、きつね色になるまで約8分揚げます。

❺ 油をよくきって器に盛り、パルミジャーノ・レッジャーノ（分量外）を振り、マスタードを添えます。

＊ディジョンマスタード：フランスのブルゴーニュ地方・ディジョンで作られたのが始まりの黄唐辛子と黒唐辛子で作られるマスタード。口当たりのなめらかさが特徴。

14 フィッシュ&チップス

ふっくらカリカリの揚げたてに、モルトビネガーをドボドボとかけて食べるのが本場流。揚げものなのにさっぱり。酸っぱいもの好きの私にはたまりません。

材料（2人分）

じゃがいも（男爵）　2個
生たら　2切れ
塩　小さじ1
小麦粉　大さじ2
衣［卵　1個、小麦粉　大さじ4、ベーキングパウダー　小さじ½、水　¼カップ］
揚げ油　適量
塩、モルトビネガー（または赤ワインビネガー）　各適量

作り方

❶ たらは塩を振り、約15分おいて出てきた水分をキッチンペーパーで拭きます。塩を振ってしばらくおくと、浸透圧によって魚から水分が出てきますが、この水分には臭みなどが含まれているのできれいにキッチンペーパーで拭きとってください。その後、3〜4等分に切り、小麦粉をまぶします。衣の材料はあらかじめ混ぜ合わせておきます。

❷ じゃがいもは皮をむき、2㌢幅の棒状に切ります。2〜3回水を換えながら約5分さらし、しっかりとでんぷん質をとり、水けをキッチンペーパーで拭きます。

❸ 鍋に揚げ油を入れ、②を入れて中火にかけます。泡が出てきて油の温度が上がってきたら、合わせた衣にたらをくぐらせて油に入れます（a）。じゃがいもは冷たい油から揚げ、油の温度が上がってきたところでたらを加えます。ときどき返しながら揚げ、こんがりと色づいてきたものから引き上げ、油をよくきります。衣にベーキングパウダーを加えると、仕上がりがカリッと。

❹ 器に盛り、塩とビネガーを振ります。

a

15
揚げじゃがと揚げなすの黒酢炒め

（作り方58ページ）

16 じゃがいもとミニトマトのトルティージャ

（作り方59ページ）

15 揚げじゃがと揚げなすの黒酢炒め

素揚げしてホクホクにしたじゃがいもを、さっと炒めるから表面はカリッ！ 同じく油と相性抜群のなすも合わせたら、肉なしでも主役級の食べごたえに。

材料（2人分）

じゃがいも（男爵） 2個
なす 2本
長ねぎ 1/2本
揚げ油 適量
ごま油 小さじ1
A［紹興酒、黒酢 各大さじ1、ナンプラー 大さじ1/2］
香菜（ざく切り） 6本
白いりごま 適量

作り方

1. じゃがいもは皮つきのまま6等分に切り、2〜3回水を換えながら約5分さらしてキッチンペーパーで水けを拭きます。なすは乱切りにし、水にさっとさらしてキッチンペーパーで水けを拭きます。長ねぎは斜め薄切りに。
2. 鍋に揚げ油を入れ、じゃがいもを入れて中火にかけます。油がフツフツとしてきたら、なすを加え、じゃがいもとなすがやわらかくなるまで揚げます（a）。この段階でじゃがいもと、なすを中までやわらかくし、油をよくきります。
3. フライパンにごま油を熱し、長ねぎ、②を入れて中火で炒め合わせます（b）。全体にさっと混ぜたらAを加え、汁けがなくなるまで炒めます。火を止め、香菜を加えてさっと混ぜ、器に盛って白いりごまを振ります。

16
じゃがいもとミニトマトのトルティージャ

トルティージャはスペイン生まれの具だくさんオムレツ。フライパンで底面をしっかり焼いてこんがりさせてから、オーブンで中までふっくらと火を通します。

材料（直径20センチのもの1枚分）

じゃがいも（男爵）　2個
玉ねぎ　½個
ミニトマト　5個
卵　3個
ピザ用チーズ　50グラム
白ワイン　大さじ1
塩　小さじ½
オリーブ油　大さじ2
パセリのみじん切り　小さじ2
粗びき黒こしょう　少々
＊フライパンはオーブン対応のものを使用。

作り方

❶ じゃがいもは皮をむいて5ミリ厚さの輪切りにし、水にさっとさらして水けをきります。玉ねぎは縦半分に切って縦薄切りにし、ミニトマトは半分に切ります。

❷ 卵を溶きほぐし、①、チーズ、白ワイン、塩を加えてよく混ぜ合わせます。

❸ フライパンにオリーブ油を入れて中火で熱し、②を一気に流し入れ、菜箸で軽くかき混ぜながら、表面は半熟で底面に焼き目がつくまで焼きます（a）。

❹ 200℃に温めたオーブンにフライパンごと入れ（b）、表面に焼き目がつくまで約13分焼きます。パセリと粗びき黒こしょうを振って。

17

じゃがいものかき揚げ

（作り方62ページ）

18 じゃがいものサモサ

（作り方63ページ）

17 じゃがいものかき揚げ

できるだけ細く切り、薄く衣をまとったじゃがいものかき揚げは、カリカリと香ばしくサクサクと軽い！ しょうがの辛味を少し利かせるのもポイントです。

材料（4個分）

じゃがいも（男爵） 2個
三つ葉 1束
しょうが（せん切り） 2かけ
衣［小麦粉 2/3カップ、冷水 1/2〜3/4カップ］
揚げ油 適量
塩 少々

作り方

1 じゃがいもは皮をむいてせん切りにし、2〜3回水を換えながら約5分さらし、でんぷん質をよくとり、ざるに上げて水けをきります。

2 三つ葉はざく切りにします。ボウルにじゃがいも、三つ葉、しょうがを入れ、衣用の小麦粉から大さじ2を加えて、混ぜます（**a**）。この小麦粉が糊の役目をするので、一本一本にからめるように。

3 残りの小麦粉に分量の冷水を少しずつ加え、粉っぽさが残る程度に混ぜ合わせます。②の1/4量を菜箸で加え、さっとからめます。

4 ③をお玉にのせ、軽く汁けをきります。これはボテッとした衣にならないようにするため。時間がたつとせっかくの下粉がとれてしまうので、衣をからめたらすぐに揚げるのもポイントです。そのためには1個分ずつ衣に加えて揚げる、を繰り返しましょう。

5 170℃の揚げ油に④を入れます。最初は触らず、底面が固まってきたら菜箸で数カ所穴を開けて火の通りをよくし、カラッとするまで揚げます。

6 器に盛り、好みで塩を振ります。

a

18 じゃがいものサモサ

春巻きの皮で手軽に作るサモサ。カリッカリの皮と、カレー味のホクホクのじゃがいもが美味。香ばしくスパイシーな香りが食欲をそそります。

材料（約6個分）

じゃがいも（男爵）　2個
玉ねぎ　1/3個
春巻きの皮　3枚
白ワイン　1/4カップ
A［クミンパウダー、塩　各小さじ1/2、コリアンダーパウダー　小さじ1/3、カレー粉　小さじ1、おろしにんにく　1/2かけ分］
香菜　4本
B［小麦粉　大さじ1、水　大さじ1 1/2］
オリーブ油　適量

作り方

1. じゃがいもは皮をむいて2㌢角に切り、水にさっと通して鍋に入れます。
2. 玉ねぎは1㌢角に切って①の鍋に入れ、白ワインとかぶるくらいの水を加え、中火にかけます。煮立ったらアクをとり、弱火にして約8分煮て、じゃがいもがやわらかくなったら湯を捨て、鍋を揺すりながら水分を飛ばします。
3. 水分が飛んだら火を止め、**A**を加えてじゃがいもを粗くつぶしながら混ぜ合わせ、香菜を刻んで加えて混ぜ、粗熱をとります。
4. 春巻きの皮は縦半分に切って長方形にし、**B**を合わせて糊を作ります。
5. 春巻きの皮を縦長におき、手前に③を大さじ2のせます。手前から三角形に折り、皮の縁に**B**を塗り、そのまま奥に倒していって三角形に包みます（**a**）。
6. フライパンにオリーブ油を2㌢高さに入れて中火にかけ、170℃に熱します。⑤を入れ、返しながらきつね色になるまで揚げます。器に盛り、あれば香菜のざく切り（分量外）を振ります。

19 素揚げじゃがいもとひき肉のバジル炒め

（作り方66ページ）

19 素揚げじゃがいもとひき肉のバジル炒め

じゃがいもを香ばしく素揚げにし、ひき肉と炒め合わせる。この合わせ技で、じゃがいもがカリッホクッに！　コツは、揚げたてのじゃがいもをすぐに炒め合わせること。コンロが1口の場合は、先にひき肉を炒めておくといいでしょう。バジルの葉を混ぜると、エスニック風味が増します。

材料（2人分）

じゃがいも（メークイン）　2個
玉ねぎ　½個
豚ひき肉　120グラム
しょうが（みじん切り）　1かけ
揚げ油　適量
ごま油　小さじ1
酒　大さじ1
ナンプラー　大さじ1
バジル（生）　12枚

作り方

❶ じゃがいもは皮つきのまま2センチ角に切り、水にさっとさらしてざるに上げ、水けをキッチンペーパーで拭きます。玉ねぎは1センチ角に切ります。

❷ 鍋に揚げ油、じゃがいもを入れて中火にかけ（**a**）、じゃがいもに火が通るまで約5分揚げ、油をきります。じゃがいもを揚げるときは、冷たい油から揚げたほうがカリッと揚がります。

❸ フライパンにごま油、しょうがを入れ、中火で炒めます。香りが出てきたら、玉ねぎ、豚ひき肉を入れて炒め、肉の色が変わったら揚げたての②（**b**）、酒、ナンプラーを加えて汁けがなくなるまで炒めます（**c**）。

❹ 火を止め、バジルの葉をちぎって加え（**d**）、余熱で軽く火を通しながら合わせます。

a

b

c

d

20 ベイクドポテト

じゃがいもを丸ごと蒸し、ホワイトソースをかけて焼いたダイナミックな料理。じゃがいもの持ち味のホクホク感や香ばしさがストレートに味わえます。

材料（2人分）

じゃがいも（メークイン）　2個
ホワイトソース（136ページ）　大さじ6
グリュイエールチーズ（またはピザ用チーズ）　60グラム
タイム（生）　3〜4本
塩　少々
粗びき黒こしょう　少々

作り方

❶ じゃがいもは皮をタワシでよく洗います。

❷ 蒸気の上がった蒸し器に①を入れ、強火で20〜25分蒸します。

❸ ②の上部を約5ミリ切って平らにし（切り落とした部分はみそ汁などに）、オーブンシートを敷いた天板に並べ、ホワイトソース、チーズ、タイムをのせ、塩を振ります。

❹ 220℃に温めたオーブンで約10分焼き、粗びき黒こしょうを振ります。

菜食主義のヤンソンさんが、あまりのおいしさに食べてしまったというスウェーデン伝統のじゃがいもとアンチョビーのグラタン。簡単なのに、本当においしい。

材料（2人分）

じゃがいも（メークイン）　3個
玉ねぎ　½個
アンチョビーフィレ　5枚
にんにく（細切り）　1かけ
オリーブ油　大さじ1
白ワイン　大さじ3
塩　少々
生クリーム　1カップ

作り方

1. じゃがいもは皮をむき、5ミリ幅の細切りにします。玉ねぎは縦薄切りにします。
2. フライパンににんにく、オリーブ油を入れて中火で炒め、香りが出てきたらじゃがいも、玉ねぎを炒めます。
3. 玉ねぎが透き通ってきたら白ワインを加え、煮立ったら塩で調味し、耐熱皿に移します。
4. ③にアンチョビーをちぎって散らし、生クリームを注ぎ、200℃に温めたオーブンで約20分、表面に焼き目がつくまで焼きます。

21 ヤンソンさんの誘惑

22 ジャーマンポテト

間違いなしのおなじみトリオ。ベーコンの脂を玉ねぎとじゃがいもに吸わせながら蒸し焼きにします。カリッホクッのじゃがいもがおいしさの秘密。

材料（2人分）

じゃがいも（男爵）　2個
玉ねぎ　1/2個
ベーコン（ブロック）　80㌘
オリーブ油　小さじ1
白ワイン　1/4カップ
塩　小さじ1/3
粗びき黒こしょう　少々
パセリのみじん切り　小さじ2

作り方

❶ じゃがいもは皮をむいて1㌢厚さの半月切りにし、水にさっとさらして水けをきります。玉ねぎは縦半分に切って、縦薄切りにします。ベーコンは1㌢角の棒状に切ります。

❷ フライパンにオリーブ油を熱し、ベーコンを入れて中火で炒めます。脂が出てきたらじゃがいも、玉ねぎを加えてさっと炒め、白ワインを加え、蓋をして弱火で約8分蒸し焼きにし、じゃがいもの中までしっかりやわらかくします。

❸ 蓋を開け、中火にして水分を飛ばしながら焼き目をつけます。これで表面がカリッ！　塩、粗びき黒こしょうで味を調え、器に盛ってパセリを振ります。

PART.3

じゃがいも
×
食感
=
ホクホク

じゃがいもといえば！ というくらい、ホクホクな食感はじゃがいもの真骨頂。肉じゃが、コロッケなどのじゃがいもの代表的な料理も、おいしさの決め手はこのホクホク感ではないでしょうか。できたてのアツアツを頬張って、口の中をホクホク感と幸せ気分でいっぱいにしてください。

23
ポテトコロッケ3種
（定番／クミン／たらとじゃがいも）

（作り方74ページ）

たらとじゃがいものコロッケ

定番コロッケ

クミンのエスニックコロッケ

23
ポテトコロッケ3種
（定番／クミン／たらとじゃがいも）

コロッケは、じゃがいもおかずの決定版。丸ごと蒸してたねにすれば、ホクホク感がさらに倍増します。定番のひき肉入りはもちろん、たらを加えたポルトガル風、クミンの香りがたまらないエスニック風。どれもそれぞれにおいしい。

定番コロッケ

材料（2人分・4個分）
じゃがいも（男爵）　3個
牛ひき肉　80グラム
玉ねぎ（みじん切り）　1/2個
オリーブ油　小さじ2
塩　小さじ1/2
粗びき黒こしょう　少々
衣［小麦粉　大さじ2、溶き卵　1個分、パン粉　1/2カップ］
揚げ油　適量

作り方

1 じゃがいもは皮をタワシでよく洗い、十字の切り目を入れます。蒸気の上がった蒸し器に入れて強火で25〜30分蒸します。竹串を刺してスーッと通ればOK。熱いうちに皮をむき、ボウルに入れてフォークで粗くつぶします。

2 フライパンにオリーブ油を熱し、玉ねぎ、牛ひき肉を入れて中火で炒め、肉の色が変わったら塩、粗びき黒こしょうを振ります。

3 ②を①に加えて（c）混ぜ、粗熱をとり、4等分して空気を抜きながら、ヒビが入らないように小判形に丸めます（a）。ヒビがあると、揚げたときにパンクする原因に。

4 小麦粉を全体に薄くまぶし（b）、溶き卵、パン粉の順に衣をつけます。小麦粉のつけ方にムラがあると溶き卵やパン粉が剥がれ、これもパンクの原因になります。

5 170℃に温めた揚げ油に入れ、表面が固まってきたら返しながら揚げます。軽く色づいたら火を少し強めて油の温度を上げ、きつね色になるまで揚げます。

クミンのエスニックコロッケ

材料（2人分・6個分）

じゃがいも（男爵）　4個

A［塩　小さじ½、クミンシード　大さじ1、コリアンダーパウダー　小さじ1、おろしにんにく　½かけ分］

衣［小麦粉　大さじ2、溶き卵　1個分、パン粉　½カップ］

揚げ油　適量

作り方

❶ 「定番コロッケ」の作り方①と同様に作ります。

❷ ①に**A**を加えて（**C**）混ぜ、粗熱をとります。6等分にし、空気を抜きながらヒビが入らないようにボール形に丸め、「定番コロッケ」の作り方④〜⑤と同様に作ります。

たらとじゃがいものコロッケ

材料（2人分・4個分）

じゃがいも（男爵）　4個

生だら　1切れ（100㌘）

塩　小さじ2

白ワイン　大さじ2

衣［小麦粉　大さじ2、溶き卵　1個分、パン粉（細かいもの）＊　½カップ］

塩、こしょう、揚げ油　各適量

作り方

❶ たらは全体に塩をすり込み、ラップでぴったり包んで一晩冷蔵庫におき、出てきた水分を拭きとります。本来は干しだらを使いますが手に入りにくいので、その食感に近づけるために塩を振って水分を十分抜いておきます。

❷ 「定番コロッケ」の作り方①と同様に作ります。

❸ 熱湯に白ワイン、①を入れ、約5分ゆでてざるに上げ、水けをふいて皮と骨をとり除きます。

❹ ②に③を加えて、塩、こしょう各少々を加えて（**C**）混ぜ、粗熱をとります。4等分にして空気を抜きながらヒビが入らないように俵形に丸め、「定番コロッケ」の作り方④〜⑤と同様に作ります。

＊パン粉（細かいもの）：ドライパン粉をポリ袋に入れ、すりこぎを転がして細かくする

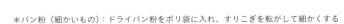

24

じゃがいもの煮っころがし 葉野菜添え

（作り方78ページ）

25
じゃがいもとシュークルートの煮込み

（作り方79ページ）

24 じゃがいもの煮っころがし 葉野菜添え

小型のじゃがいもの形を生かし、皮つきのまま丸ごと煮ます。フレッシュな春菊をわさっと添え、一緒に食べるのが私流。ほろ苦さが甘辛味のアクセントに。

材料（2人分）

じゃがいも（男爵）　小12～14個
長ねぎ　½本
春菊　1把
ごま油　大さじ1
酒　大さじ2
だし汁　2カップ程度
みりん　大さじ2
しょうゆ　大さじ1½

作り方

1. じゃがいもは皮をタワシでよく洗います。長ねぎは斜め薄切りにします。
2. 鍋にごま油を熱し、じゃがいもを入れて中火で炒めます（a）。表面に油がなじむまでよく炒めてください。こうするとコクが出ておいしくなり、煮くずれしにくくなります。
3. 長ねぎ、酒、だし汁を加えて煮ます（b）。水分が多すぎると煮くずれる原因になるので、ひたひたより少なめが目安。煮立ったらアクをとり、落とし蓋をして弱火で約20分、じゃがいもがやわらかくなるまで煮ます。
4. みりん、しょうゆを加え、中火にして汁けがほとんどなくなるまで煮ます。器に盛り、ざく切りにした春菊を添えて。

25

じゃがいもとシュークルートの煮込み

フランス・アルザス地方の家庭料理です。味の決め手はシュークルート。発酵食品ならではの酸味とうまみが、味に奥行きを出してくれます。

材料（2人分）

じゃがいも（メークイン）　4個
玉ねぎ　1個
シュークルート＊（市販）　2カップ
ソーセージ　4本
ローリエ　1枚
白ワイン　80㎖
水　¾カップ
ナンプラー　大さじ2
粗びき黒こしょう　少々

作り方

❶ じゃがいもは皮をむいて半分に切り、面とりをして（a）2回くらい水を換えながら約5分さらし、水けをきります。玉ねぎは縦半分に切り、2㌢幅のくし形切りにします。面とりとは、煮くずれを防ぐために角を薄くそぎとること。長時間煮るときに行う下ごしらえです。

❷ 鍋にシュークルートの半量を広げ、①、シュークルートの残りの順に重ね（b）、じゃがいもをサンドしてそのうまみを移します。ローリエ、白ワイン、分量の水を加えて中火にかけ、煮立ったらアクをとり、蓋をして弱火で約12分煮て、ソーセージを加えてさらに6分煮ます。

❸ ナンプラーを加えて味を調え、粗びき黒こしょうを振ります。ナンプラーも発酵食品なので、シュークルートとよく合います。

＊シュークルート：ザワークラウトと同じ。キャベツを塩漬けにし、発酵させたもの。

26 じゃがいものドライカレー

（作り方82ページ）

27

じゃがいもとチョリソーのオーブン焼き

（作り方83ページ）

26 じゃがいものドライカレー

数種類の野菜をよく炒め、少ない水分で蒸し煮にして、甘味を存分に引き出したベジタブルカレー。スパイスはいくつか合わせると複雑ないい味わいになります。

材料（2人分）

じゃがいも（男爵）　2個
玉ねぎ　½個
赤ピーマン　2個
いんげん　8本
にんにく（みじん切り）　1かけ
A［カレー粉、コリアンダーパウダー　各小さじ2、クミンパウダー　小さじ1］
オリーブ油　大さじ2
B［白ワイン　大さじ2、水　½カップ、ローリエ　1枚］
塩　小さじ1
◎ごはん
［バスマティ米＊　2合（360㎖）、水　2カップ、粒黒こしょう　大さじ1、塩　小さじ⅓、オリーブ油　大さじ1］

a

作り方

1. ごはんを炊きます。バスマティ米はもろいので丁寧に軽くすすぎ、ごみを除きます。鍋にごはんの材料を入れ、蓋をして強火にかけ、煮立ったら弱火で約12分炊き、火を止めて15分蒸らします。
2. じゃがいもは皮をむいて2㌢角に切り、さっと水にさらして水けをきります。玉ねぎは2㌢角に、赤ピーマンは種とヘタをとって2㌢角に、いんげんは2㌢長さに切ります。材料の大きさをそろえて切ると食べやすく、見た目も美しくなります。
3. フライパンににんにく、**A**、オリーブ油を入れ、中火でよく炒めます（**a**）。香りが出てきたら②を加えてカレー粉をからめるように炒めます。じゃがいもに透明感が出てくるまで炒めるのが目安。
4. **B**を加え、煮立ったらアクをとり、蓋をして弱火で約12分蒸し煮にし、塩を加えてなじませます。
5. 器に①を盛り、④をかけます。

＊バスマティ米：インディカ米の一種。インドでよく食べられる、細長くパラパラとした米。

27 じゃがいもとチョリソーのオーブン焼き

スパイシーでボリュームたっぷりのメキシカングラタンです。ホクホクなじゃがいもとキドニービーンズに、タバスコとチリパウダーの辛味がベストな相性。

材料（2人分）

じゃがいも（男爵） 4個
玉ねぎ 1個
トマト 4個
チョリソー 5本
キドニービーンズの水煮 80グラム
モッツァレラチーズ 200グラム
にんにく（みじん切り） 1かけ
白ワイン 80mℓ
水 1/4カップ
A［塩、粗びき黒こしょう 各少々］
オリーブ油 大さじ2
B［タバスコ 少々、塩 小さじ1］
チリパウダー 少々
パセリ（みじん切り） 適量

作り方

1. じゃがいもは皮をむいて1センチ厚さの輪切り、玉ねぎはみじん切り、トマトは横に1センチ厚さの輪切りにします。チョリソーは1センチ幅に切ります。
2. フライパンにじゃがいも、白ワイン50mℓ、分量の水を入れ、蓋をして中火にかけます（**a**）。煮立ったら弱火にし、じゃがいもがやわらかくなるまで約8分蒸し煮にし、**A**を振り、耐熱皿に移します。少ない水分で蒸し煮にし、甘味とうまみを引き出すのがコツ。
3. ②のフライパンにオリーブ油、にんにくを入れて中火で炒め、香りが出てきたら玉ねぎ、チョリソーを入れ、玉ねぎが透き通るまで炒めます。トマト、残りの白ワイン30mℓ、**B**を加え、トマトがくたっとなるまで炒めます。
4. ③を②の耐熱皿に入れ、水けをきったキドニービーンズをのせ、モッツァレラチーズをちぎってのせ、チリパウダーを振って220℃に温めたオーブンで約12分焼きます。仕上げにパセリを振って。

28

アレンテージョ

（作り方86ページ）

28 アレンテージョ

ポルトガルのアレンテージョ地方でもっとも人気があるといわれる料理。あさりと豚肉から出たおいしいスープをじゃがいもがぐぐっと吸い込み、おいしくなります。簡単な料理だからこそ、豚肉を焼きつける、あさりを入れたら煮すぎない、といったちょっとしたコツを丁寧に。

材料（2人分）

じゃがいも（男爵）　4個
あさり　150グラム
玉ねぎ　½個
豚ロース肉（厚切り）　2枚
ミニトマト　8個
にんにく（つぶす）　1かけ
オリーブ油　大さじ1
白ワイン　80㎖
塩　小さじ½
イタリアンパセリ　少々

作り方

❶ あさりは塩水につけて砂出しし、殻をこすり合わせて洗います。「砂出し済」と書いてあるものも、なるべく再び砂出ししてから使うことをおすすめします。

❷ じゃがいもは皮をむいて4等分に切り、さっと水にさらして水けをきります。玉ねぎは縦薄切りにし、ミニトマトはヘタをとります。豚肉は2センチ幅に切ります。

❸ フライパンににんにく、オリーブ油を入れて中火にかけ、香りが出てきたら豚肉を入れます。表面に焼き目をつけ（**a**）、うまみを閉じ込めつつ香ばしさをつけます。

❹ じゃがいも、玉ねぎを加えてさっと炒め（**b**）、風味づけに白ワインを加えます（**c**）。煮立ったらアクをとり、蓋をして弱火で約15分煮ます。

❺ 火の通りが早いあさり、ミニトマトは最後に加え（**d**）、さらに5分煮て塩で調味し、粗く刻んだイタリアンパセリを振ります。あさりは煮すぎると身がかたくなるので、短時間で火を通すのがコツ。それでもうまみは十分に引き出せます。

a

b

c

d

29 じゃがいもとラムの煮込み

（作り方90ページ）

30
じゃがいもとサーモンのゴルゴンゾーラグラタン

（作り方91ページ）

29
じゃがいもと ラムの煮込み

ラムチョップの野性味あふれるおいしさと相反し、スープは数種の野菜のうまみがじんわりと染み出たやさしい味。一口ごとに元気になりそうです。

材料（2人分）

- じゃがいも（メークイン）　4個
- ラム肉（骨つき）　4本
- 玉ねぎ（1・5㌢角）　1個
- にんじん（1・5㌢角）　1本
- セロリ（1・5㌢角）　½本
- にんにく（つぶす）　1かけ
- セロリの葉　2〜3枚
- ローリエ　1枚
- 小麦粉　大さじ2
- オリーブ油　小さじ2
- 白ワイン　½カップ
- 水　2カップ
- 塩　小さじ1
- 粗びき黒こしょう　少々

作り方

1. じゃがいもは皮をむいて1・5㌢角に切り、さっと水にさらして水けをきります。
2. ラム肉は塩少々（分量外）で下味をつけ、小麦粉をまぶします。この粉がうまみを閉じ込め、とろみのもとにもなります。
3. 鍋ににんにく、オリーブ油を入れて中火で炒め、香りが出てきたら②を入れ、両面に焼き目をつけます（a）。
4. ③の鍋に玉ねぎ、にんじん、セロリ、セロリの葉、ローリエを入れてさっと炒め、うまみを引き出します。白ワイン、分量の水を加え、煮立ったらアクをとり、蓋をして弱火で約25分煮て、じゃがいもを加えてさらに10分煮ます。じゃがいもがやわらかくなったら、セロリの葉をとり出し、塩、粗びき黒こしょうで味を調えます。

a

30 じゃがいもとサーモンのゴルゴンゾーラグラタン

じゃがいものグラタンと鮭のグラタンのおいしさが一度に味わえます。半つぶしにしたじゃがいもと生クリームが一体化し、ソテーした鮭のソースの役割に。

材料（2人分）

じゃがいも（男爵）　4個
玉ねぎ　1個
生鮭　3切れ
白ワイン　¼カップ
水　¼カップ
塩　小さじ½
小麦粉　大さじ2
オリーブ油　大さじ1
生クリーム　1カップ
ゴルゴンゾーラチーズ　80グラム
粗びき黒こしょう　少々

作り方

❶ じゃがいもは皮をむいて1・5センチ厚さの半月切りに、玉ねぎは縦半分に切って縦薄切りにします。鮭は塩少々（分量外）を振って約10分おきます。

❷ 鍋にじゃがいも、玉ねぎ、白ワイン、分量の水、塩を入れて中火にかけ、煮立ったら蓋をしてときどき混ぜながら弱火で約10分煮ます。じゃがいもがやわらかくなったら木ベラで半つぶしにし、ソースとなじみやすくします（a）。

❸ 鮭の出てきた水分を拭き、食べやすい大きさに切って小麦粉を薄くまぶします。魚は塩を振ってしばらくおくと、余分な水分といっしょに臭みが抜け、ぐんとおいしくなります。

❹ フライパンにオリーブ油を熱し、③の皮目を下にして入れ、中火で両面に焼き目をつけます。

❺ 耐熱皿に②を煮汁ごと入れ、生クリームを注いで④の鮭をのせ、チーズをちぎってのせ、220℃に温めたオーブンで約12分焼きます。仕上げに粗びき黒こしょうを振って。

a

31 韓国風肉じゃが

（作り方94ページ）

31 韓国風肉じゃが

コチュジャンで程よい甘辛味に仕上げた、肉じゃがです。干ししいたけのもどし汁を使って煮るので、うまみも十分。ほろりとほぐれる牛すね肉のおいしさはもちろんですが、私のお目当ては牛肉や干ししいたけのうまみを吸い込んだじゃがいも。ホクホク感で口の中がいっぱいに。

材料（2人分）

じゃがいも（男爵）　3個
干ししいたけ　4〜6個
長ねぎ　1本
牛すね肉（かたまり）　400グラム
豆苗　1束
しょうが（せん切り）、にんにく（せん切り）　各1かけ
水　3カップ
ごま油　大さじ1
紹興酒（または酒）　1/4カップ
しょうゆ　大さじ2
コチュジャン　小さじ1 1/2
塩　小さじ1/4
白いりごま　小さじ2

作り方

1 干ししいたけは分量の水に一晩つけ、浮いてこないようにラップと落とし蓋などをのせてもどし（a）、石づきを落として半分に切ります。もどし汁は煮るときに使うのでとっておきます。長ねぎは斜め薄切りにします。じゃがいもは皮をむいて半分に切り、面とりしてさっと水にさらし、水けをきります。牛肉は大きめのひと口大に切ります。

2 鍋にごま油、しょうが、にんにくを入れて中火で炒め、香りが出てきたら牛肉を入れて表面に焼き目をつけます。

3 ②に長ねぎを加えて炒め、しんなりしてきたら干ししいたけ、もどし汁、紹興酒を加え、煮立ったらアクをとり（b）、弱火にして約50分煮ます。すね肉はやわらかくなるのに時間がかかるので、じゃがいもより先に煮始めます。

4 じゃがいも、しょうゆを加えて（c）さらに15分煮て、コチュジャンを溶き入れ（d）、塩で味を調え、根元を落とした豆苗、白いりごまを加えてさっと煮ます。

a
b
c
d

32 じゃがいものみそ汁

じゃがいもと玉ねぎという、なんてことのない組み合わせですが、毎日食べても飽きないほど大好き。酒を加えて風味を補い、七味でアクセントをつけます。

材料（2人分）

じゃがいも（男爵） 2個
玉ねぎ ⅓個
だし汁 2½カップ
酒 小さじ2
みそ 大さじ2
七味唐辛子 少々

作り方

❶ じゃがいもは皮をむいて6等分に切り、水にさっとさらして水けをきります。玉ねぎは縦薄切りにします。

❷ 鍋に①、だし汁、酒を入れて中火にかけ、煮立ったらアクをとり、弱火にして約10分煮ます。じゃがいもがやわらかくなったらみそを溶き入れ、煮立つ直前で火を止め、七味唐辛子を振ります。

"POTATO SALAD" BOOK

＼わが家と／
世界のポテサラブック

世界中で食べられている、じゃがいも。
それ故かポテトサラダは各国にあり、具材も味つけも
その国の特徴が出ていて、どれもそれぞれおいしそう。
ここではわが家で人気のポテトサラダに加え、
多彩な世界のポテトサラダをアレンジしたものをご紹介します。

?

おいしい
ポテトサラダのコツ

組み合わせる素材や味つけも大事ですが、
ポテトサラダをおいしくする一番のコツは、
何といってもじゃがいもをいかにホクホクにするか。
ここでは、私がポテトサラダを作るときの２パターンの蒸し方、
ゆで方をご紹介します。

【じゃがいもの形を残すとき】

じゃがいもは皮をむき、仕上がりの大きさよりも少し大きめに切り、水に約5分さらす。鍋に入れてかぶるくらいの水を入れ、白ワインを加えてゆでる。

じゃがいもがやわらかくなったら、湯を捨てる。水分が少なくなったら蓋で押さえながら捨てるとよい。

再び火にかけ、鍋を揺すりながら水分を飛ばす。粉をふく手前まで水分を飛ばす。

つぶす場合同様、熱いうちに下味をつける。

【じゃがいもをつぶすとき】

じゃがいもは皮つきのまま、タワシでよく洗い、十字の切り目を入れる。蒸気の上がった蒸し器に入れて強火で25〜30分蒸す。

竹串がスーッと通ったら蒸し上がり。すぐに皮をむく。キッチンペーパーを使うとむきやすい。

ボウルに入れ、フォークの背でざくざくと好みの加減につぶす。

熱いうちは味が入りやすいので、すぐに塩を振って下味をつける。

ヨーグルトとオリーブ油で
あっさり仕上げるのが、私の好きなタイプ。
中に入れる具を玉ねぎときゅうりのみと
シンプルにすると、じゃがいもの
ホクホク感が際立ちます。

わが家のポテサラ1

定番ポテトサラダ

材料（2人分）

じゃがいも（男爵） 3個
玉ねぎ ⅓個
きゅうり ½本
塩 小さじ1
プレーンヨーグルト 大さじ2
オリーブ油 大さじ1
粗びき黒こしょう 少々

作り方

1. じゃがいもは皮をタワシでよく洗って十字の切り目を入れ、蒸気の上がった蒸し器に入れて強火で25～30分蒸す。竹串を刺してスーッと通ればOK。
2. ①が熱いうちに皮をむいてボウルに入れ、フォークで粗くつぶして塩小さじ⅔を振り、粗熱をとる。
3. 玉ねぎは縦薄切りにし、水に約5分さらし、水けをきってキッチンペーパーで拭く。
4. きゅうりは薄い輪切りにし、塩小さじ⅓を加えてしんなりするまでもみ、出てきた水分をギュっと絞る。
5. ②に③、④、ヨーグルトを加えてあえ、オリーブ油を加えてさっと混ぜる。器に盛り、粗びき黒こしょうを振る。

わが家のポテサラ 2

オリーブアンチョビポテトサラダ

材料（2人分）

じゃがいも（男爵） 3個
グリーンオリーブ 8個
イタリアンパセリ 4本
アンチョビーフィレ 3枚
塩 小さじ½
白ワインビネガー（または酢） 大さじ1½
オリーブ油 大さじ2

作り方

1. じゃがいもは皮をタワシでよく洗って十字の切り目を入れ、蒸気の上がった蒸し器に入れて強火で25〜30分蒸す。竹串を刺してスーッと通ればOK。
2. ①が熱いうちに皮をむいてボウルに入れ、フォークで粗くつぶして塩、白ワインビネガーを加えてなじませ、粗熱をとる。
3. グリーンオリーブは種をとり、粗く刻む。イタリアンパセリはざく切りにする。アンチョビーは2cm幅に切る。
4. ②に③、オリーブ油を加えてさっと混ぜる。

ワインのつまみとして作ることが多いのが、
オリーブ、アンチョビーを加えた、
少し大人のポテトサラダ。
うまみが強い具材は、
味つけの助けにもなってくれます。

わが家のポテサラ 3

しば漬け青じその ポテトサラダ

材料（2人分）

じゃがいも（男爵）　3個
しば漬け　40g
青じそ　6枚
塩　小さじ½
ごま油　大さじ1½

作り方

1. じゃがいもは皮をタワシでよく洗って十字の切り目を入れ、蒸気の上がった蒸し器に入れて強火で25～30分蒸す。竹串を刺してスーッと通ればOK。
2. ①が熱いうちに皮をむいてボウルに入れ、フォークで粗くつぶして塩を振り、粗熱をとる。
3. しば漬けは粗く刻んで②に入れて混ぜ、青じそを手でちぎって加え、ごま油を加えてさっと混ぜ合わせる。

今、わが家でブームのしば漬け入り。
しば漬けの塩辛さとシャキシャキ感が、
ホクホクのじゃがいもを引き立ててくれます。
和風ハーブ・青じそを加えると、
さわやかさアップ。

プチプチのレンズ豆、
サクサクの赤玉ねぎを加え、
じゃがいもに楽しい歯ごたえをプラスします。
ここではサワークリームを使いましたが、
オイルとレモン汁で味つけしてもおいしい。

わが家のポテサラ 4

レンズ豆のポテトサラダ

材料（2人分）

じゃがいも（男爵） 3個
レンズ豆 60g
赤玉ねぎ ½個
塩 小さじ⅔
サワークリーム 大さじ2
レモン汁 大さじ1
粗びき黒こしょう 少々
オリーブ油 大さじ2

作り方

1 じゃがいもは皮をタワシでよく洗って十字の切り目を入れ、蒸気の上がった蒸し器に入れて強火で25～30分蒸す。竹串を刺してスーッと通ればOK。

2 ①が熱いうちに皮をむいてボウルに入れ、フォークで粗くつぶして塩を振り、粗熱をとる。

3 レンズ豆はさっと洗って鍋に入れ、かぶるくらいの水を加えて中火にかける。煮立ったら弱火にして約12分ゆで、ざるに上げて水けをよくきり、粗熱をとる。

4 赤玉ねぎは縦薄切りにし、水に約3分さらして水けをきり、キッチンペーパーで拭く。

5 ②にサワークリーム、レモン汁を加えて混ぜ、③、④を加えてあえ、オリーブ油、粗びき黒こしょうを振ってさっとあえる。好みでレモンを添え、さらに搾っても。

「ニソワーズ」は「ニース風」の意味で、
ツナ、オリーブ、アンチョビーを
使うのが定番。ブロッコリーを加え、
彩りとボリュームを出すのが好みです。
いろいろな素材のうまみが一体となり、
ごちそう感が増します。

FRANCE（フランス）

サラダ・ニソワーズ

作り方

❶ じゃがいもは皮をむいて1.5cm厚さの半月切りにし、2回くらい水を換えながら約5分さらす。

❷ 鍋に①を入れ、かぶるくらいの水と白ワインを加えて中火にかける。煮立ったら弱火にして約10分ゆで、じゃがいもがやわらかくなったら湯を捨て、鍋を揺すりながら水分を飛ばし、器に盛る。

❸ ツナは油をきり、ゆでブロッコリーは粗く刻み、黒オリーブは半分に、アンチョビーは食べやすく切る。ゆで卵はくし形に切り、さらに半分に切る。

❹ ②に③をのせ、ドレッシングの材料を順に全体にかけ、パセリを振る。

材料（2人分）

じゃがいも（男爵） 2個
ツナ缶 大1缶（165g）
ブロッコリー（ゆでたもの） 4房
黒オリーブ（種なし） 6個
アンチョビーフィレ 4枚
固ゆで卵 1個
白ワイン（または酒） 大さじ2
◎ドレッシング
　レモン汁 大さじ1
　塩 小さじ½
　粗びき黒こしょう 少々
　オリーブ油 大さじ2
パセリのみじん切り 小さじ1

SWEDEN（スウェーデン）

じゃがいもとビーツのミモザサラダ

材料（2人分）
じゃがいも（メークイン）　2個
ビーツ　80g
固ゆで卵　1個
白ワイン（または酒）　大さじ2
A
赤ワインビネガー　大さじ2
ナンプラー　大さじ1
ディル　少々
オリーブ油　大さじ2

作り方

1. じゃがいもは皮をむいて1.5cm角に切り、2回くらい水を換えながら約5分さらす。
2. 鍋に①を入れ、かぶるくらいの水と白ワイン大さじ1を加えて中火にかける。煮立ったら弱火にして約8分ゆで、じゃがいもがやわらかくなったら湯を捨て、鍋を揺すりながら水分を飛ばしてボウルに入れる。
3. ビーツは皮をむいて1.5cm角に切る。鍋に入れ、かぶるくらいの水、白ワイン大さじ1を加えて中火にかける。煮立ったら弱火にして約15分ゆで、やわらかくなったらざるに上げ、水けをよくきる。
4. ②のボウルに③、Aを加え、全体によく混ぜ合わせ、器に盛る。
5. ゆで卵は白身と黄身に分け、それぞれを茶濾しなどで濾して④にかけ、ざく切りにしたディルを振り、オリーブ油を回しかける。

じゃがいもとビーツを使った
スウェーデンのサラダに、
ゆで卵を加えて私なりにアレンジ。
あえるだけで真っ赤に染まる
じゃがいもが美しく、
卵の白と黄色が映えます。

GERMANY（ドイツ）

カルトフェルトザラート

作り方

❶ じゃがいもは皮をむき、半分に切って2回くらい水を換えながら約5分さらす。玉ねぎは縦薄切りにし、ベーコンは細切りにします。

❷ 鍋に①、Aを入れて中火にかける。煮立ったらアクをとり、弱火にして蓋をして約13分煮る。じゃがいもがやわらかくなったら塩で調味し、器に盛って粗びき黒こしょうを振る。

材料（2人分）

じゃがいも（メークイン） 2個
玉ねぎ ½個
ベーコン 80g
A
| 白ワイン（または酒） ¼カップ
| 白ワインビネガー（または酢） 大さじ2
| 水 1カップ
塩 小さじ½
粗びき黒こしょう 少々

ポテトサラダと肉じゃがの中間のような、
ビネガー入りのスープで煮る、
ドイツのポテトサラダ。
ビネガー入りといっても火を通すので、
やさしい酸味です。

「ブランボル」はチェコ語でじゃがいも。
このサラダは、チェコでは保存食として
欠かせなく、クリスマスイヴに鯉のフライと
食べるのがならわしだそう。
ディルのさわやかな香り、
ピクルスの酸味が利いたさっぱり味です。

CZECH（チェコ）

ブランボロヴィー・サラート

作り方

1. じゃがいもは皮をタワシでよく洗って十字の切り目を入れ、蒸気の上がった蒸し器に入れて強火で25～30分蒸す。竹串を刺してスーッと通ればOK。
2. ①が熱いうちに皮をむいてボウルに入れ、フォークで粗くつぶして塩を振り、粗熱をとる。
3. コルニッションは汁けをきって粗く刻む。ディルはざく切りにする。
4. ②にコルニッション、マヨネーズを加えて混ぜ、ディル、オリーブ油を加えてざっとあえる。

材料（2人分）

じゃがいも（男爵）　3個
コルニッション*　4本
ディル　4本
塩　小さじ2/3
マヨネーズ　大さじ1
オリーブ油　大さじ1

*コルニッション：ヨーロッパ産の小ぶりのきゅうりのピクルス。独特の酸味と歯ごたえが特徴。

PORTUGAL（ポルトガル）

バカリャウ・ア・ゴメス・デ・サ

作り方

1 たらは皮をとり除いて塩小さじ1½をすり込み、ラップでぴったり包んで冷蔵庫に一晩おく。

2 ①の出てきた水分をキッチンペーパーで拭き、白ワインを加えた湯に入れて約6分ゆで、ざるに上げて水けを拭く。

3 じゃがいもは皮をタワシでよく洗って十字の切り目を入れ、蒸気の上がった蒸し器に入れて強火で25～30分蒸す。竹串を刺してスーッと通ればOK。

4 ③が熱いうちに皮をむいてボウルに入れ、フォークで粗くつぶして塩少々を振り、②、レモン汁を加えて混ぜる。

5 ゆで卵を粗く刻んで④に加え、オリーブ油を加えて混ぜ、粗びき黒こしょうを振る。

材料（2人分）

じゃがいも（男爵）　3個
生だら　1切れ（80g）
固ゆで卵　1個
塩　小さじ1½＋少々
白ワイン（または酒）　大さじ2
レモン汁　大さじ1
オリーブ油　大さじ2
粗びき黒こしょう　少々

直訳すると「ゴメスさん風干しだら」。
バカリャウ（干しだら）売りの息子が考案したサラダだそう。ここではバカリャウの代わりにたらを塩漬けにして代用。
塩漬けにすることで独特の歯ごたえが生まれ、じゃがいもとの相性がさらによくなります。

日本でもおなじみですが、実はギリシャ生まれ。
「タラマ」は魚卵、「サラタ」はサラダの意味で、
「タラモサラタ」と濁らないのが正しいとか。
たらこの塩けが淡泊な味わいの
じゃがいもによく合います。

GREECE（ギリシャ）

タラモサラタ

作り方

❶ じゃがいもは皮をタワシでよく洗って十字の切り目を入れ、蒸気の上がった蒸し器に入れて強火で25〜30分蒸す。竹串を刺してスーッと通ればOK。

❷ ①が熱いうちに皮をむいてボウルに入れ、フォークで粗くつぶして白ワインビネガーを加え、粗熱をとる。

❸ たらこは薄皮をとり除いてほぐし、ケイパーはさっと洗って水けを拭く。②に加えてあえ、オリーブ油を加えてさっと混ぜる。

材料（2人分）

じゃがいも（男爵） 3個
たらこ ½腹
ケイパー（塩漬け） 8粒
白ワインビネガー（または酢） 小さじ2
オリーブ油 大さじ2

MOROCCO（モロッコ）

シャラダバタータ

作り方

1 じゃがいもは皮をむいて1.5cm角に切り、2回くらい水を換えながら約5分さらす。

2 鍋に①を入れ、かぶるくらいの水、白ワインを加えて中火にかける。煮立ったら弱火にして約8分ゆで、じゃがいもがやわらかくなったら湯を捨て、鍋を揺すりながら水分を飛ばす。

3 赤玉ねぎは1.5cm角に切り、水に約3分さらし、水けをきってキッチンペーパーで拭く。

4 フライパンにクミンシードを入れ、軽く煎る。

5 ボウルに②、③、レモン汁、ナンプラーを入れて合わせ、④、オリーブ油を加え、さっと混ぜる。

材料（2人分）

じゃがいも（メークイン）　2個
赤玉ねぎ　½個
白ワイン　大さじ2
クミンシード　大さじ1
レモン汁、ナンプラー、オリーブ油
　各大さじ1

クミンやレモンを使うことが多い、
モロッコ料理。
ポテトサラダにもふんだんに使います。
エスニックな香りとレモンの酸味が食欲をそそり、
ナンプラーを足すと味に深みが出ます。

ペルー語で「パパ」はじゃがいも、
「ワンカイ」はワンカヨという地名。
つまり、「ワンカヨ地方のじゃがいも料理」という意味です。チーズソースをたっぷりかけるのは本場流ですが、コリアンダーを振り、ほのかなスパイシーさをプラスしてみました。

PERU（ペルー）

パパ・アラ・ワンカイーナ

作り方

1. じゃがいもは皮をタワシでよく洗って十字の切り目を入れ、蒸気の上がった蒸し器に入れて強火で25～30分蒸す。竹串を刺してスーッと通ればOK。
2. ①が熱いうちに皮をむき、粗熱がとれたら1.5cm厚さの輪切りにする。
3. フライパンにグリュイエールチーズ、白ワインを入れて中火にかけ、チーズが溶けてきたら弱火にし、牛乳を加えてのばす。煮立ったら②を加えて全体にからめる。
4. 器に盛り、コリアンダーパウダーを振る。

材料（2人分）

じゃがいも（メークイン）　2個
グリュイエールチーズ　80g
白ワイン（または酒）　½カップ
牛乳　大さじ2
コリアンダーパウダー　少々

"POTATO SALAD" BOOK

PART.4

じゃがいも
×
食感
=
もちもち

やわらかくて弾力があるもちもちした食感は、じゃがいもでも味わえます。

その理由は、じゃがいもにはでんぷん質が多いから！　蒸したてをつぶして粉を混ぜてニョッキやおもちに、すりおろして卵などを混ぜたらチヂミに。

形状を変えることで、じゃがいものおいしさがますます広がります。

33

ニョッキ

トマトソース（右）
セージバター（左）

（作り方116ページ）

33 ニョッキ

セージバター／トマトソース

じゃがいもと小麦粉を混ぜて作るニョッキ。おいしさの秘密は、つるり&もちもちの口当たり。そのためにはじゃがいもは蒸したてをつぶし、グルテンの多い強力粉を加えて混ぜ合わせ、練らないようにつぶしたじゃがいもと合わせます。

材料（ニョッキ、ソース、共に2人分）

じゃがいも（男爵）　2個
強力粉　100グラム
塩　小さじ1/3
オリーブ油　大さじ1
◎セージバター
［セージ（生）　4枚、バター　20グラム、オリーブ油　小さじ2、塩、粒黒こしょう　各少々］
◎トマトソース
［パッサータ＊（またはトマトの水煮）　1 1/2カップ、にんにく（つぶす）　1かけ、オリーブ油　大さじ1、塩　少々］

※セージバター、トマトソースを一度に両方作る場合は、ニョッキの量を2倍量にしてください。

作り方

❶ じゃがいもは皮をタワシでよく洗って十字の切り目を入れ、蒸気の上がった蒸し器に入れて25〜30分蒸します。竹串を刺してスーッと通ればOK。じゃがいもはゆでると水分量に差が出て、加える粉の加減が難しいので、蒸したほうが失敗しにくいです。

❷ ①が熱いうちに皮をむいてボウルに入れ、めん棒やフォークで粗くつぶします（a）。強力粉、塩を加え、手で粉っぽさがなくなるまでよく混ぜ合わせます（b）。練るというよりは、じゃがいもの水分を粉に吸わせるように押し混ぜるのがコツです。

❸ 台に打ち粉をしながら直径約3センチの棒状にし、2センチ幅に切ります。フォークで2カ所くらい軽くつぶして溝を作り（c）、ソースをからみやすくします。

❹ オリーブ油を入れた熱湯に③を入れ、浮き上がってきてから約1分ゆでます（d）。

❺ セージバターを作ります。フライパンに材料を入れて中火にかけ、温まったら④を加えて（e）全体にからめ、塩、粒黒こしょうで味を調えます。ニョッキは網などで引き上げ、そのままソースに加えます。

❻ トマトソースを作ります。フライパンに材料を入れて中火にかけ、煮立ったら④を加えて（f）全体にからめ、塩で味を調えます。

＊パッサータ：完熟トマトを濃縮したもの

a

b

c

d

e

f

34 じゃがいももち

(作り方120ページ)

35 赤ピーマンとねぎのじゃがいもチヂミ

（作り方121ページ）

34 じゃがいももち

息子が小さいときに、おやつによく作っていたじゃがいももち。フライパンで焼いてみたらし風のたれをかけてもいいし、汁に入れてもおいしいです。

材料（2人分）

じゃがいも（男爵） 2個
片栗粉 大さじ3
塩 小さじ1/4
ごま油 大さじ1
A［みりん、しょうゆ、水 各大さじ1、片栗粉 小さじ2］

作り方

1. じゃがいもは皮をタワシでよく洗って十字の切り目を入れ、蒸気の上がった蒸し器に入れて25～30分蒸します。竹串を刺してスーッと通ればOK。
2. ①が熱いうちに皮をむいてボウルに入れ、めん棒やフォークで粗くつぶし、片栗粉、塩を加えてよく混ぜ、直径約6センチの棒状に丸めます。ラップで包み（a）、冷蔵庫で30分ほど休ませると生地がまとまり、切りやすくなります。

a

3. ②を好みの厚さに切り、ごま油を熱したフライパンに入れて中火で焼き、両面に焼き目がついたら器に盛ります。
4. ③のフライパンにAを入れて中火にかけ、とろみがついたら③にかけます。

じゃがいももちでもう一品

いももち汁

材料（2人分）と**作り方**

1. 鍋にだし汁2 1/4カップ、しょうが（せん切り）1かけを入れ、中火にかけ、煮立ったらじゃがいももち（1.5センチ厚さ）4個を加え、再び煮立ったらアクをとって弱火で約2分煮ます。
2. ①に食べやすく切ったトマト大1個、長ねぎ1/3本を加え、ひと煮立ちさせ、酒大さじ1、しょうゆ小さじ2、塩小さじ1/4で調味します。

35
赤ピーマンとねぎのじゃがいもチヂミ

韓国のお好み焼き・チヂミは、表面カリッ中もちもちが身上。そのためには、多めの油で焼き上げます。ごま油の香りもおいしさのうち。

材料（2人分）

じゃがいも（男爵） 1個
細ねぎ 4本
赤ピーマン 2個
A［卵 2個、しょうが（せん切り） 1かけ、紹興酒（または酒） 大さじ1、塩 小さじ1/4］
ごま油 大さじ2
B［白いりごま、しょうゆ、黒酢 各小さじ2］

作り方

❶ 細ねぎは4センチ長さに切り、赤ピーマンは縦半分に切って種とヘタをとり、縦に細く切ります。

❷ ボウルに**A**、①を入れてよく混ぜます。じゃがいもは空気に触れると変色しやすいので、焼く直前に皮をむいてすりおろしながら加え（**a**）、よく混ぜ合わせます。

❸ フライパンにごま油を熱し、②を一気に流し入れます（**b**）。こんがりとした焼き目がついたら返し、弱めの中火にして約5分焼きます。

❹ 切り分けて器に盛り、合わせた**B**をかけます。

a

b

36

じゃがいもパン

（作り方124ページ）

36

じゃがいもパン

マッシュしたじゃがいも入りのほのかな甘味ともっちり&しっとりの口当たりが特徴のパン。素朴な味で、食事パンとしても、おやつにもぴったりです。じゃがいもは蒸したてをつぶして粉を混ぜると、なじみがよくなります。

材料（8個分）

じゃがいも（男爵）　2個

A［強力粉　180グラム、てんさい糖＊（または砂糖）大さじ1、塩　小さじ1/3、ドライイースト　3グラム］

ぬるま湯　1/2カップ

作り方

❶ じゃがいもは皮をタワシでよく洗って十字の切り目を入れ、蒸気の上がった蒸し器に入れて25～30分蒸します。竹串を刺してスーッと通ればOK。

❷ ①が熱いうちに皮をむいてボウルに入れ、めん棒やフォークで粗くつぶし、粗熱をとります。冷めるとつぶしにくいので、熱いうちにつぶしましょう。

❸ ②のボウルに**A**を加え、分量のぬるま湯を少しずつ加えながら、混ぜ合わせます（**a**）。手でギュッと押しながら全体をこね（**b**）、粉っぽさがなくなったらひとまとめにし（**c**）、ラップをかけて35℃以上の場所に30～45分おいて一次発酵させます。温度の低い冬場は湯煎にかけるか、電子レンジの発酵機能などを活用して温度を保ちましょう。

❹ 生地が1.5倍くらいになったら、パンチしてガス抜きをします（**d**）。打ち粉をした台にのせて8等分に分け、切り口を包むようにして表面がなめらかになるように丸め、とじ目をしっかりとめます（**e**）。オーブンシートを敷いた天板にのせ、再び35℃以上の場所に約15分おいて二次発酵させます。

❺ 生地がひと回りくらい大きくになったら包丁で表面に1本切り目を入れ（**f**）、強力粉少々（分量外）を振り、200℃に温めたオーブンで約20分焼きます。

＊てんさい糖：さとう大根（ビート）が原料。まろやかで上品な甘さが特徴。

a
b
c
d
e
f

37 じゃがいもの パンケーキ

パンケーキといっても、おろしたじゃがいもとセルフィーユを入れた食事系。ハムとジャムとパンケーキ、3つを一緒に頬張ると、よりおいしくいただけます。

材料（2人分）

じゃがいも（男爵）　1個
A［小麦粉　100グラム、塩　小さじ1/3、白ワイン　大さじ2］
セルフィーユ（またはパセリ）　3本
オリーブ油　大さじ1
厚切りハム　2枚（160グラム）
ブルーベリージャム　大さじ2
粗びき黒こしょう　少々

作り方

❶ じゃがいもは皮をむいてボウルにすりおろし、**A**とみじん切りにしたセルフィーユを加えてよく混ぜ合わせます。

❷ フライパンにオリーブ油少々を熱し、ハムを入れて両面に焼き目をつけ、とり出します。

❸ ②のフライパンに残りのオリーブ油を入れて中火で熱し、①を丸く流し入れます。焼き目がついたら返し、弱火にして約5分焼き、器に盛ります。こんがりとした焼き目をつけると、中のもちもち感との対比で、よりおいしくなります。

❹ ③の器に②、ブルーベリージャムを添え、あればセルフィーユ（分量外）をのせ、粗びき黒こしょうを振ります。

PART.5

じゃがいも
×
食感
＝
とろ〜り

じゃがいもをやわらかくゆでて、バターや牛乳などでのばしたマッシュポテトは、とろ〜りなめらか。この作り方さえ覚えておけば、ステーキのつけ合わせにパンにのせたり、ムサカにしたり、とおいしい料理がたくさん作れます。喉をスーッと通るスープ類も、この仲間です。

38 ムサカ

（作り方130ページ）

38

ムサカ

ムサカはトルコやエジプトにもありますが、一番有名なのがここで紹介するギリシャ風。マッシュポテトにひき肉ソテー、トマトソース、ホワイトソースを重ねて焼く、いろいろなおいしさが重なり合うとても贅沢な料理です。少々手間はかかりますが、それだけの価値ありです。

材料（2人分）

マッシュポテト（131ページ）　3カップ
◎なすソテー
［なす　4本、オリーブ油　大さじ2］
◎ひき肉ソテー
［合いびき肉　150グラム、玉ねぎ（粗みじん切り）½個、白ワイン　大さじ2、塩　小さじ⅔、粗びき黒こしょう　少々］
◎トマトソース　1½カップ分
［トマトの水煮缶　½缶（200グラム）、にんにく（つぶす）　1かけ、オリーブ油　大さじ1、塩、こしょう　各少々］
ホワイトソース（136ページ）　1カップ
エメンタールチーズ　80グラム

a

作り方

1. なすソテーを作ります。なすはヘタをとって縦7〜8ミリ厚さに切り、水にさっとさらします。フライパンにオリーブ油を熱し、なすを入れて両面に焼き目がつくまで中火で焼き、とり出します。
2. ひき肉ソテーを作ります。①のフライパンに玉ねぎ、合いびき肉を入れて中火で炒めます。肉の色が変わったら白ワイン、塩、粗びき黒こしょうを加え、汁けがなくなるまで炒め合わせ、とり出します。
3. トマトソースを作ります。②のフライパンにオリーブ油、にんにくを入れて中火で炒め、香りが出てきたらトマトの水煮をつぶしながら加えて炒め合わせます。そのまましばらく煮て、トマトが煮くずれてきたら、塩、こしょうで調味します。
4. 耐熱皿にマッシュポテト、①、②、③を順に重ね（a）、ホワイトソースをかけて平らにならし、チーズをすりおろしながら振り、220℃に温めたオーブンで約12分焼きます。

a

b

c

d

マッシュポテト

材料（3カップ分）

じゃがいも（男爵）　4個
白ワイン　1/4カップ
牛乳　1カップ
バター　30グラム
塩　少々

作り方

❶ じゃがいもは皮をむいて3センチ角に切り、水にさっとさらしてざるに上げます。

❷ 鍋に①、白ワインを入れ、水をじゃがいもの8分目まで加え、中火にかけます（**a**）。ときどき混ぜながらじゃがいもがやわらかくなるまで約12分ゆで、ざるに上げます。ゆで汁はとっておきます。

❸ 別の小鍋に牛乳を入れ、人肌程度に温めます。

❹ ②の鍋にじゃがいもを戻し、バター、ゆで汁大さじ3を入れて（**b**）木ベラでくずしながら混ぜ、バターが溶けたら③を加えて（**c**）、泡立て器でなめらかになるまで混ぜます。弱火にかけ、鍋底が見えるくらいまで煮詰め（**d**）、塩で調味します。

39 グリーンピースとじゃがいものマッシュ

クリーミーなマッシュポテトとプチプチと口の中で弾けるグリーンピースは、ベストコンビ。酸っぱいパンにのせて食べるのが、私のお気に入り。

材料（2人分）

マッシュポテト（131ページ）　1カップ
グリーンピース（むき身）　50グラム
白ワイン　大さじ1
水　¼カップ
塩　小さじ¼
オリーブ油　大さじ1
ライ麦パン　適量

作り方

1. 鍋にマッシュポテト、グリーンピース、白ワイン、分量の水を入れ、弱めの中火にかけます。木ベラで混ぜながら7～8分煮ます。水っぽくしたくないので少ない水分で、また焦がさないように終始混ぜながら煮てください。
2. グリーンピースがやわらかくなったら、木ベラで軽くつぶして混ぜ、塩、オリーブ油を加えます。グリーンピースは軽くつぶすとマッシュポテトとのなじみがよくなります。
3. ②をライ麦パンに添えます。

40 マッシュポテトのステーキ添え

どうしてこんなに合うのかな？　と思うほど、肉料理を格上げしてくれるマッシュポテト。肉汁と赤ワインを合わせたソースをたっぷりかけて豪快にどうぞ。

材料（2人分）

マッシュポテト（131ページ）　1カップ
牛もも肉（またはヒレ肉、ステーキ用）　2枚（300グラム）
オリーブ油　小さじ2
塩、粗びき黒こしょう　各少々
赤ワイン　1/2カップ
バルサミコ酢、しょうゆ　各大さじ1

作り方

1. 牛肉は常温にもどしておきます。
2. フライパンにオリーブ油を熱し、①を入れて中火で焼きます。動かしすぎると焼き目がつきにくくなるので、しばらく触らずに焼きつけ、こんがりと焼き目がついたら返して、もう片面も焼きます。好みの焼き加減になったら器に取り出し、塩、粗びき黒こしょうを振ります。
3. ②のフライパンに赤ワイン、バルサミコ酢、しょうゆを入れて煮詰めます。
4. ②の牛肉にマッシュポテトをのせ、③のソースをかけます。

41

マッシュポテトとマッシュルームのクリームグラタン

（作り方136ページ）

42
アッシェ・パルマンティエ

（作り方137ページ）

41 マッシュポテトとマッシュルームのクリームグラタン

マッシュポテトにホワイトソースをかけた、リッチなグラタン。クリーミーなソースのおかげで、マッシュポテトがさらになめらかになります。

材料（2人分）

マッシュポテト（131ページ）　2カップ
マッシュルーム　8個
◎ホワイトソース
［バター　50《グラム》、小麦粉　50《グラム》、牛乳（常温にもどす）2カップ、塩　小さじ1/3、こしょう　少々］
グリュイエールチーズ（またはピザ用チーズ）　70《グラム》
イタリアンパセリ　2本

作り方

❶ マッシュルームはキッチンペーパーで汚れをふきとり、石づきを落として縦薄切りにします。

❷ ホワイトソースを作ります。フライパンにバターを入れて弱めの中火にかけ、バターが溶けたら小麦粉をふるいながら加え、粉っぽさがなくなるまで炒めます（a）。しっかりと炒めることでダマになるのを防げ、食べたときに粉臭さが残りません。そこに牛乳を少しずつ加え、木ベラで混ぜてなめらかにします。牛乳を少しずつ加えて混ぜる、を繰り返し、煮立てながら、とろみのあるソースにし、塩、こしょうで調味します。冷蔵庫から出したての牛乳はダマになりやすいので、必ず常温にもどしておいてください。

❸ 耐熱皿にマッシュポテトを平らに入れ、①をのせ、ホワイトソースをかけます。

❹ グリュイエールチーズを削りながら③に振り、200℃に温めたオーブンで約20分、表面に焼き目がついたら焼き上がり。イタリアンパセリを粗く刻んでのせます。

42 アッシェ・パルマンティエ

フランスの代表的な家庭料理。ひき肉ソテーをマッシュポテトでサンドすると、2つの味が口の中で一体になり、まるでポテトコロッケを食べているよう！

材料（4人分）

マッシュポテト（131ページ）　3カップ

◎ひき肉のソテー

［牛ひき肉　200グラム、玉ねぎ（みじん切り）　1/2個、にんにく（みじん切り）　1かけ、オリーブ油　小さじ2、赤ワイン　1/4カップ、塩　小さじ2/3、ナツメグ　少々］

パルミジャーノ・レッジャーノ（またはパルメザンチーズ）　30グラム

粗びき黒こしょう　適量

作り方

1 ひき肉のソテーを作ります。フライパンにオリーブ油、にんにくを入れ、中火で炒めます。香りが出てきたら玉ねぎを加えて炒め、透き通ってきたらひき肉を加えて炒め合わせます。

2 肉の色が変わったら赤ワイン、塩、ナツメグを加え、汁けがなくなるまで炒め合わせます。赤ワインとナツメグで、ひき肉に風味をつけると共に臭みを消します。

3 耐熱皿にマッシュポテトの半量を平らに入れ、全体を覆いつくすように②のひき肉のソテーを平らにのせ（a）、残りのマッシュポテト（b）、パルミジャーノ・レッジャーノを順にのせます。

4 220℃に温めたオーブンに入れ、約12分焼きます。こんがりと焼き目がついたら、焼き上がり。粗びき黒こしょうを振ります。

a

b

43 じゃがいもと長ねぎのポタージュ

（作り方１４０ページ）

44 ヴィシソワーズ

（作り方 141ページ）

43 じゃがいもと長ねぎのポタージュ

なめらかな口当たりがおいしい、ポタージュ。炒めた長ねぎには玉ねぎよりも控えめな甘味があり、じゃがいもと合わせるとおいしくなるのです。

材料（2人分）

じゃがいも（男爵）　2個
長ねぎ　½本
オリーブ油　小さじ1
白ワイン　¼カップ
水　1カップ
牛乳　1〜1¼カップ
塩　小さじ½

作り方

❶ じゃがいもは皮をむいて3㌢角に切り、水にさっとさらして水けをきります。長ねぎは2㌢幅に切ります。

❷ 鍋にオリーブ油を熱し、①を入れて中火で炒めます。長ねぎが透き通ってきたら（a）白ワイン、分量の水を加え、煮立ったらアクをとり、弱火にして蓋をして、じゃがいもがやわらかくなるまで約12分煮ます。長ねぎは炒めることで、甘味と香りが引き出されます。

❸ ハンドミキサーまたはミキサー（ミキサーの場合は粗熱がとれてから）で攪拌します（b）。

❹ ③の鍋に牛乳、塩を入れて中火にかけ（ミキサーの場合は鍋に③を戻し入れて牛乳、塩を加え）、煮立つ直前で火を止めます。じゃがいもの水分には個体差があるので、濃度は様子をみながら牛乳で調節してください。

❺ 器に盛り、オリーブ油少々（分量外）をかけます。

a

b

44 ヴィシソワーズ

じゃがいもの冷たいスープは、牛乳だけでなく生クリームを加えて濃厚にします。喉をスーッと通り、ほのかな甘味とうまみが広がります。

材料（2人分）

じゃがいも（男爵） 2個
玉ねぎ 1/3個
オリーブ油 少々
白ワイン 大さじ2
水 1 1/4カップ
塩 小さじ1/3
牛乳 1カップ
生クリーム 1/4カップ
イタリアンパセリ 少々

作り方

1. じゃがいもは皮をむいて3㌢角に切り、水にさっとさらして水けをきります。玉ねぎはみじん切りにします。
2. 鍋にオリーブ油を熱し、①を入れて弱火で炒めます。玉ねぎが透き通ってきたら、白ワイン、分量の水を加え、煮立ったらアクをとり、蓋をしてじゃがいもがやわらかくなるまで約12分煮て、塩を加えます。
3. ②に牛乳（a）、生クリームを加え、泡立て器でじゃがいもをくずしながらよく混ぜ、ざるなどで濾します（b）。泡立て器で混ぜながら丁寧に濾すと、よりなめらかな仕上がりに。
4. ③を冷蔵庫で1時間ほど冷やし、塩少々（分量外）で味を調え、あればイタリアンパセリをのせます。

材料別 INDEX

・じゃがいもと組み合わせている材料から選べます。
・材料項目内の料理名は掲載順です。

カテゴリー別 INDEX

・カテゴリー項目内の料理名は掲載順です。

食《しょく》の方程式《ほうていしき》 ポテトブック

じゃがいも
×
ワタナベマキ
＝
食感《しょっかん》

NDC 596

2018年11月25日　発　行

著　者　ワタナベマキ

発行者　小川雄一
発行所　株式会社 誠文堂新光社
〒113-0033　東京都文京区本郷3-3-11
（編集）TEL 03-5800-3614
（販売）TEL 03-5800-5780
http://www.seibundo-shinkosha.net/
印刷・製本　大日本印刷株式会社

ISBN978-4-416-61875-2

ワタナベマキ

グラフィックデザイナーを経て料理家に。日々を大事にしたいとの思いから、2005 年に「サルビア給食室」を立ち上げ、料理の活動を始める。野菜たっぷりの体にやさしい料理を提案。作りやすく丁寧な料理、毎日の暮らしから生まれる作り置きなどが人気。ナチュラルでセンスのあるライフスタイルにもファンが多い。著書は『作り込まない作りおき』（KADOKAWA）、『アジアのサラダ』（主婦と生活社）、『旬菜ごよみ 365 日』（小社）など多数。本書は小社刊『玉ねぎ×ワタナベマキ＝だし・うまみ』に続く、「食の方程式」シリーズの第 2 弾。

撮影：新居明子
デザイン：福間優子
スタイリング：池水陽子
カバーイラストレーション：ほりはたまお
編集：飯村いずみ
校正：ヴェリタ
プリンティングディレクション：山内 明（大日本印刷）

参考文献

『日本の食材帖』山本謙治監修　主婦と生活社
『もっとからだにおいしい 野菜の便利帳』白鳥早奈英、板木利隆監修　高橋書店
『ジャガイモの歴史』アンドルー・F・スミス著　竹田円訳　原書房
『旬の食材　秋・冬の野菜』講談社
『薬膳・漢方の食材帳』薬日本堂監修　実業之日本社
『楽しい食品成分のふしぎ　調理科学のなぜ？』松本仲子監修　朝日新聞出版
『世界のじゃがいも料理』誠文堂新光社編